体验与感知：
乡村旅游者忠诚的拓展研究

林源源 等 著

东南大学出版社
SOUTHEAST UNIVERSITY PRESS

·南京·

内 容 简 介

本书提出了超越目的地的视角、从需求侧研究旅游者忠诚问题的观点。研究基于消费者行为、顾客忠诚等理论,在体验经济背景下,以乡村旅游者为研究主体、以游客体验和感知为视角,探究乡村旅游游客行为以及其背后所隐含的心理、文化及环境机制;使用定性和定量分析方法,探索乡村旅游旅游者忠诚度的前因变量:乡村旅游目的形象、游客情感体验、乡村旅游游客满意度、旅游者幸福感、目的地居民幸福感和旅游者亲环境行为意图等。研究成果以期丰富并拓展旅游者忠诚的理论内涵和分析体系,为政策调整和市场调控提供理论指导与决策。

本书适用于旅游管理、公共管理等人员研究参考,亦适用于各大专院校经济管理和公共管理专业的本科生和研究生,以及具有同等文化程度的自学者学习参考。

图书在版编目(CIP)数据

体验与感知:乡村旅游者忠诚的拓展研究 / 林源源等著. — 南京:东南大学出版社,2020.12
 ISBN 978 - 7 - 5641 - 9402 - 4

Ⅰ.①体… Ⅱ.①林… Ⅲ.①乡村旅游-研究-中国 Ⅳ.①F592.3

中国版本图书馆 CIP 数据核字(2020)第 270913 号

体验与感知:乡村旅游者忠诚的拓展研究
Tiyan Yu Ganzhi:Xiangcun Lüyouzhe Zhongcheng De Tuozhan Yanjiu

著　　者	林源源 等
责任编辑	宋华莉
编辑邮箱	52145104@qq.com
出版发行	东南大学出版社
出 版 人	江建中
社　　址	南京市四牌楼 2 号(邮编:210096)
网　　址	http://www.seupress.com
电子邮箱	press@seupress.com
印　　刷	南京玉河印刷厂
开　　本	700 mm×1 000 mm　1/16
印　　张	11.25
字　　数	201 千字
版印次	2020 年 12 月第 1 版　2020 年 12 月第 1 次印刷
书　　号	ISBN 978 - 7 - 5641 - 9402 - 4
定　　价	56.00 元
经　　销	全国各地新华书店
发行热线	025 - 83790519　83791830

(本社图书若有印装质量问题,请直接与营销部联系,电话:025 - 83791830)

前 言 Preface

供给与需求的结构性矛盾是当前我国旅游产业发展中的突出问题。在着重供给侧改革的时代,从需求端出发研究旅游者偏好的变化,引导旅游需求方向,提升需求与供给的匹配度,在理论和实际方面都具有积极意义。体验经济时代的到来,旅游者的需求越来越多地从单纯的对目的地的感官体验转向关注自我身心的高层次体验。因此,我们认为对旅游者忠诚度的研究应该从单一目的地的视角转向以旅游者为研究主体,从旅游者自身的行为和体验特征的角度去探索旅游者忠诚的理论构建。

至20世纪末,旅游者的旅游行为研究已经发展成为旅游界一个新兴的、活跃的领域。研究者们借用心理学、社会学、营销学、经济学、管理学、人类学、法学等理论和方法来探究游客行为的全过程,剖析游客在旅游消费活动(例如,出境旅游、家庭亲子游、乡村旅游、健康旅游、研学旅游、探险旅游等)中的决策、感知、动机、期望、情绪情感、态度、体验、满意度、忠诚度等行为。

21世纪以来,国际上关于旅游消费者行为研究开始出现了一些新的变化。(1) 从研究主题来看,游客满意度、信任度和忠诚度(satisfaction, trust, and loyalty)最受关注,其后依次是动机、感知、决策、态度和期望、自我概念与个性、价值等;(2) 从研究对象来看,新兴市场的跨文化议题(cross-cultural issues in emerging market)、较少研究的细分市场(under-researched segments)、游客的情绪(emotions)最受关注,其后依次是游客的不文明行为(misbehavior)和社群及其共同决策(group and joint decision-making)。回顾国内近十年游客行为的研究,可喜的是游客作为研究主体得到关注和重视,所发表的此类文献数量不断增加,研究视野也不断拓宽,研究方法也逐步多元化,但仍有不少研究只是简单地对游客消费行为和现象进行描述,缺乏批判性的深度思考。

本书聚焦中国美丽乡村黄龙岘的乡村旅游发展,以乡村旅游游客为研究主体,以游客体验为视角,探究乡村旅游游客行为以及其背后所隐含的心理、文化及环境机制,以期探索乡村旅游旅游者忠诚度的前因变量。第一阶段通过对旅游者忠诚度研究现状的梳理,提出本书的理论思路;第二阶段对现有的旅游者忠诚度影响因素中的目的地形象、游客满意度、游客情感体验等,从旅游者体验和行为的角度进行了探索性研究和实证研究;第三阶段提出了可能带来游客忠诚的其他要素,例如旅游者幸福感、目的地居民幸福感和旅游者亲环境行为意图。

　　本书各章节在研究设计层面分别使用文献计量法、调查法、相关法、实验法等研究方法进行定性及定量研究,抛砖引玉,为后续的系列研究做好前期的铺垫,可以采用纵向比较、历时跟踪等研究设计来探究游客行为的历时变化过程以及多变量间的结构关系,从而进一步验证相关模型、检验理论,为推动游客行为相关理论的发展做出应有的贡献。本书中有关乡村旅游消费行为的研究一方面将有助于旅游企业提高服务质量,为招揽更多的游客、旅游企业和目的地的发展提供重要的科学依据;另一方面将为旅游企业、旅游目的地提升营销策略提供依据和指导。旅游企业、旅游目的地只有通过满足游客的需求才能在市场上生存与立足,那么理解游客行为就显得尤为重要。

　　本书由林源源拟定大纲及研究主题,统一组织撰写,以及统稿工作。具体分工如下:第一章,林源源;第二章,邵佳瑞;第三章,邵佳瑞、熊彩玉;第四章:林源源、钱晓燕;第五章,林源源;第六章,邵佳瑞;第七章,秦雯;第八章,钱晓燕。

　　本书为国家自然科学基金项目(项目批准号:71704072)"基于共享体验的旅游者忠诚度研究:理论拓展与实证检验"的阶段性研究成果。同时,课题组在黄龙岘调研期间得到南京市江宁区旅游局和江宁旅游产业集团的支持,在此表示感谢。

林源源
2020.11.23

目 录 Content

第一章　乡村旅游者是否会忠诚：超越目的地的视角 …… 001
　1　研究回顾 …… 001
　2　理论思路 …… 006

第二章　体验视角下乡村旅游目的地形象 …… 014
　1　旅游体验和旅游目的地形象 …… 015
　2　研究设计和研究方法 …… 019
　3　体验视角下的乡村旅游目的地形象 …… 020
　4　总结与讨论 …… 025

第三章　体验感知视角下乡村民宿 …… 033
　1　体验感知与乡村民宿 …… 033
　2　研究设计与研究方法 …… 037
　3　体验视角下的乡村民宿感知要素 …… 038
　4　研究结论与启示 …… 044

第四章　乡村旅游游客满意度 …… 049
　1　游客满意度理论回顾 …… 051
　2　研究设计与研究方法 …… 059
　3　乡村旅游游客满意度实证分析 …… 061
　4　研究结论与分析 …… 073

第五章　乡村旅游游客情感 …… 079
　1　游客情感与情绪 …… 079
　2　研究方法与数据搜集 …… 082
　3　乡村旅游游客情感访谈分析 …… 085

4　乡村旅游游客情感构建 ·· 091

第六章　旅游者幸福感 ·· 097
　　1　文献来源 ·· 098
　　2　幸福感研究的起源及脉络梳理 ·· 099
　　3　旅游者幸福感研究回顾 ·· 101
　　4　旅游者研究评述及展望 ·· 115

第七章　乡村旅游目的地居民幸福感 ································· 129
　　1　幸福感 ··· 129
　　2　旅游目的地居民幸福感 ·· 135
　　3　乡村旅游目的地居民幸福感 ·· 139
　　4　研究述评与展望 ·· 141

第八章　乡村旅游目的地旅游者亲环境行为意图 ··············· 147
　　1　乡村旅游与旅游者亲环境行为 ··· 147
　　2　理论基础及假设模型 ··· 148
　　3　数据来源和研究方法 ··· 154
　　4　乡村旅游者亲环境行为意图的实证检验和研究分析 ········· 157
　　5　研究结论和未来研究方向 ·· 161

第一章
乡村旅游者是否会忠诚：超越目的地的视角

近几十年来，无论国际还是国内层面，旅游业均保持着持续快速的增长。2015年，旅游业对国民经济的综合贡献度达到10.8%；"十二五"期间，旅游业对社会就业综合贡献度为10.2%，旅游业作为国民经济战略性支柱产业基本形成（2016年12月，国务院《"十三五"旅游业发展规划》）。2016年3月的政府工作报告更是提出要加强旅游与一、二、三产业的融合，将大众旅游提升到国家战略的高度。到2020年，现代公共文化服务体系基本建成，文化产业成为国民经济支柱性产业；旅游经济稳步增长，对国民经济的综合贡献度达到12%（2019年2月，国家发展改革委、文化和旅游部等18部门联合印发《加大力度推动社会领域公共服务补短板强弱项提质量 促进形成强大国内市场的行动方案》，简称《行动方案》）。旅游产业在国民经济中的地位和作用越来越重要。

忠诚度被认为是未来行为的最佳预测指标，也是市场上竞争优势和成功的来源。忠诚的顾客是产业能够持续更好地发展的基础。随着旅游产业的快速发展和竞争的日益加剧，旅游忠诚度研究也越来越受到国内外理论界和产业界的重视。因此，我们首先对国内外旅游者忠诚度理论的研究进行了梳理。

1 研究回顾

忠诚度的研究最初源于市场营销领域，对忠诚度概念的阐述，大多数研究从"态度"和"行为"两个维度展开[1]。Jacoby与Kyner从态度与行为两方面将品牌忠诚定义为随着时间的推移，决策主体逐渐形成的对某一品牌或某几种品牌偏向性购买行为，是心理决策评估过程的函数[2]。Dick与Basu也提出了消费者忠诚度概念框架，概念的核心在于探讨态度忠诚与重复光顾行为之间的关系[3]。行为忠诚指实际的消费行为和购买的频率[4],态度忠诚则指的是顾客在消费行为中的心理承诺,如购买意向和推荐意愿,而并不必然考虑实际的重购行为[5]。也有学者认为忠诚是态度和行为的复合,Jacoby 与 Kyner 从态度与行为两方面将品牌忠诚定义为,随着时间的推移,决策主体逐渐形成的对某一品牌或某几种品牌偏向性购买行为,是心理决策评估过程的函数[2]。真正的忠诚是源于对品牌的积极态度而产生的持续的购买行为[6-7]。Dick 与 Basu 也提出了消费者忠诚度概念框架,概念的核心在于探讨态度忠诚与重复光顾行为之间的关系[3]。Oliver 认为顾客忠诚是指未来一段时间,顾客对重复购买某一喜爱的品牌或重复光顾某一喜欢的服务商有着深深的承诺,因此,他们将重复购买同一品牌或同一品牌系列,并且不会受到环境或营销努力的影响而发生转移行为[8]。

游客忠诚最早出现在休闲、娱乐和接待业等与旅游相关的领域,研究对象主要是高尔夫、旅馆等购买频率较高或活动类产品。忠诚的概念被引入旅游产业,学者在研究范式上并未超越传统营销的范畴,主要关注游客对目的地旅游产品/服务的忠诚。随着旅游目的地之间的竞争加剧,忠诚度研究延伸到目的地层次,基于目的地忠诚度,有学者提出市场忠诚度。Backman 与 Crompton 认为忠诚是人们有偏好地参加一种休闲服务的行为承诺,并将忠诚划分为四类:低忠诚者、潜在忠诚者、虚假忠诚者、高忠诚者,反映出了旅游者的出行受到金钱、假期、旅游者健康、目的地容量等问题的影响[9]。Baloglu 通过对地中海国际旅游地潜在游客的研究,证明了除了虚假忠诚外,其他三种忠诚类型都存在,并进一步将低忠诚者分为自然转换者与体验转换者[10]。自然转换者是那些寻求新奇、差异,或者是价格敏感的旅游者;而体验转换者往往是因为糟糕的旅行体验而转换旅游地的游客。也有学者基于忠诚形成的过程做了新的诠释,Oliver 从忠诚形成的心理过程出发,提出了顾客忠诚四阶段理论,即"认知忠诚、情感忠诚、意志忠诚、行为忠诚",这一观点也被引入了目的地忠诚的研究[5,8,11]。Fyall 与 Callod 认为,游客忠诚在很大程度上体现在态度层面而不是行为层面,旅游者对目的地的选择可能是因为受到某些情景因素的影响[12]。

旅游者忠诚度的测量

与忠诚的基本概念相对应,研究者对忠诚度的表征主要从行为测量和态度测量两个维度或复合测量(态度与行为相结合)的维度展开。① Brown 等学者主张行为测量法,他们用购买次数或购买次序、购买比例、购买概率,这三者综合以及三者随机组合等指标来衡量顾客行为忠诚[4]。② Jacoby 与 Chestnut 等学者则认为品牌忠诚不仅体现在消费者高频度的购买,还表现为消费者对品牌产品的特定偏好[13]。Guest 也支持品牌态度忠诚,认为这种积极态度的形成需要经历一定的时间,在短时间内测试的多是认知忠诚[14]。③ Dick 与 Basu 倾向复合测量的观点,认为行为测量法只能度量出一个动态过程的静态结果,不能充分解释影响消费者忠诚的因素;但同时态度忠诚者可能仅仅表现出对产品的喜爱,却不一定有实际行为,因此在预测忠诚行为上也缺乏一定的力度[3]。④ 然而,研究者 Day 早在 1969 年就认为复合测量方法在操作上存在问题[6]。首先,态度与行为指标如何赋予权重;其次,态度是对一个时间点的测量,但行为的发生需要经历一个时间段,在这个过程中态度可能会发生变化,导致最终的测量结果存在偏差。

旅游消费过程的特殊性使得忠诚度测量非常困难。① 国内外文献几乎没有采用复合测量方法,更没有给行为与态度赋予权重[15]。② 以 Oppermann 为代表的学者提出,既然衡量很长一段时间内游客对某一旅游地的态度不现实,不妨只采用行为测量法,认为行为测量法比复杂的态度测量法更方便、实用,并把"游览比例和游览概率"作为主要的测量指标[16-17]。在对忠诚游客的类型和细分市场的现实应用性中,这种以行为测量指标作为标准的研究较为常见[15,18]。③ 然而,Chen 与 Gursoy 认为受到旅游者寻求新奇心理及旅游经历的影响,目的地产品的重复购买行为很难出现,应根据不同的旅游产品类型仔细引用恰当的忠诚测量指标,以免获得的忠诚测量信息无效[19]。这个观点得到了国内外诸多研究者的认同[20-29]。并且,基于获取态度信息的横截面数据(cross-section data)易于实现,研究者们多用"重游意向"和"推荐意愿"两个指标进行测量。另外,出于信息获取等可评价性的便利,也有研究者用替代目的地、价格变化、转换成本、旅游者自我行为控制能力等替代性指标对忠诚度进行测量,但未形成主流。

旅游者忠诚度的影响因素

20 世纪 80 年代起,国外学者 Kotler P.[30]、Withey M. J. 与 Cooper W. H.[31]、Oliver[8]等从交易角度来探讨顾客忠诚的影响因素,认为顾客对品牌产生重复购买行为主要是因为对产品或服务有较高的满意度、感知到获得更多的价值、感知到较高的质量,或是为了减少感知风险(信任),也有可能是接受的广告增加。在此基础上,国内外学者就满意、感知价值、信任等影响因素对顾客忠诚起到直接还是间接的作用,进行了大量的讨论。Sirdeshmukh D. 与 J. Singh 认为满意不是直接影响顾客忠诚,是通过信任和感知价值的中介作用对忠诚起到间接效应[7];Harris L. C.与Goode M. M. H.等则认为,感知价值对满意有间接影响,而信任则是其中介变量,不同的是,顾客首先感知到服务商传递的价值,然后对他们产生信任,最后与之前的期望相比形成满意,这和以前学者的观点有很大的不同[32]。国内学者汪纯孝、韩小芸和温碧燕[33]、杜建刚和范秀成[34]、冉宁和曹忠鹏[35]等的研究也支持这两种观点。

如前所述,从行为忠诚维度或复合(态度+行为)维度来测量旅游者忠诚度存在实际困难以及与现实不符。因此,旅游者忠诚度影响因素的研究,几乎都是基于态度忠诚的基础上展开,这与传统营销领域从态度和行为的复合维度来考虑顾客忠诚度影响因素的研究不同。在游客忠诚的驱动因素中,使用较多的变量是满意度、目的地形象、感知价值、服务质量、体验价值、旅游动机和信任等。

动机与忠诚度

学者们在探索动机对旅游者目的地忠诚的影响作用时,主要涉及了两类心理学中的动机理论,一是驱力与诱因理论,二是最佳唤醒(也称最佳刺激水平)理论。Moutinho等从经济角度分析了重复访问目的地的现象、信息资源和质量作为重复旅游动机的解释[36]。唐德荣和杨锦秀等虽在对乡村旅游进行调查后识别了重游者对乡村旅游的偏好类型,但并未探讨其与未来重游意向与推荐意愿之间的关系[37]。Sato等研究决策者与非决策者的探险旅游动机与目的地忠诚的关系,发现决策者和非决策者的旅游动机不同,决策者可能更追求刺激,非决策者往往更受家庭相关需求的影响,决策者的忠诚度受服务和目的地文化方面的影响[38]。

目的地形象与忠诚度

目的地形象在旅游者度假目的地选择阶段发挥着影响作用[20],同时又是影响满意度的关键因素[39],而满意度又是一个影响忠诚的前因变量[25,29,40],因此目的地形象被认为会对旅游者目的地忠诚产生积极影响也合乎逻辑。Liu等[41]、Sato等[38]、Campón-Cerro等[42]、Wu[43]通过对目的地的实证研究进一步证实了此观点。

构成目的地形象具体内容的服务质量,在很多情况下也被证明是满意度的前因变量,并通过满意度的中介作用影响旅游者的行为意向[5,20,29,44,45],或者通过其他中介变量,如感知公平、感知价值等间接影响忠诚[27]。也有一些研究表明,在影响旅游者重游意向方面,服务质量的作用比满意度更为显著[20,44,46]。

体验感知与忠诚度

研究旅游者通过价格价值与支付成本的比较形成的价值感知[27,47],和综合考虑社会心理(情感价值、新奇性价值)、认知(功能价值、价格价值)等多维度的价值感知[47-49],两种方法均反映感知价值对忠诚具有显著影响(尤其是价格价值)。也有学者对重游者调查的结果显示感知价值对重游决策影响并不明显[50]。Pinkus等对游客旅游"感知—满意度—忠诚度或行为意图"关系链进行研究时,发现重游意愿和口碑推荐之间的相关性较弱,对于这些目的地,可能有其他的方法来衡量和证明游客忠诚度,而不是重游意愿[51]。但总体看来,较高的感知价值会促使旅游者进行积极的口碑宣传并产生重游意向。

感知公平主要指旅游者对是否受到公正与合理的待遇[27],验证了感知公平是感知价值和满意度的前因变量,同时在服务质量与满意度之间发挥中介作用,但并未说明感知公平是否对忠诚存在直接影响[27]。国内学者粟路军和黄福才实证发现服务公平性是服务质量、感知价值、旅游者满意的直接前因变量从而间接影响目的地忠诚[29,52]。另外一些学者使用目的地意识和目的地形象两个指标测度感知公平,不仅验证了感知公平是目的地忠诚的前因变量[15],而且在将感知公平作为调节变量考虑时也证明了其在满意度与忠诚之间起到了一定的调节作用[47]。

满意度与忠诚度

Oliver 提出的期望失验范式,作为最普遍采用的满意度模型,主导了满意度研究超过三十年之久,其理论表现为所感知的质量达到或超出期望时则满意,低于期望时则不满意[8]。然而,越来越多的旅游行为研究者认为,这种单纯从认知的维度去评价游客满意度是不够充分的。De Rojas 和 Camarero 呼吁结合认知维度,从情感的维度来理解游客满意度[53]。Pearce 和 Packer 从当代主流心理学发展的角度指出在游客满意度研究领域未来两大主导方向:探究游客满意度的本质及其核心情感因素[54]。关于满意度和忠诚的关系,多数研究结论是满意度对重游意向与推荐意愿两项指标各自的影响程度是有差异的,如满意的旅游者虽愿意向他人推荐到访过的目的地,但其重游意向却并不明显[27,44],甚至 Forgas-Coll 等对巴塞罗那游客的忠诚研究显示,游客满意度只对情感忠诚产生影响,对于口碑推荐与重游意愿没有显著影响,并且不同国家游客的满意度对情感忠诚的影响也会有差异[55]。

可见,即便是对态度忠诚,游客满意度的影响也是不稳定的。

熊元斌、吕丹将社会认同理论和自我归类论引入旅游目的地研究中,提出了旅游地品牌认同,探索旅游地品牌认同与旅游目的地品牌满意、信任和忠诚的关系[56]。粟路军、黄福才[57],粟路军、马北玲[58]构建了旅游地社会责任、旅游地声誉、旅游地认同与旅游者忠诚关系的整合模型,发现旅游地认同直接影响重游倾向和口碑宣传。

信任与忠诚度

信任是旅游者相信旅游经营者所具备承诺或满足其期望的能力,对旅游者决策起着很大的作用,从而影响着旅游者的忠诚度。Sirdeshmukh D. 与 J. Singh 认为满意不直接影响顾客忠诚,是通过信任和感知价值的中介作用对忠诚起到间接效应[59];Harris L. C. 与 Goode M. M. H. 等则认为,感知价值对满意有间接影响,而信任则是其中介变量,不同的是,顾客首先感知到服务商传递的价值,然后对他们产生信任,最后与之前的期望相比形成满意[32]。此后,汪纯孝、韩小芸和温碧燕[33],杜建刚和范秀成[34],冉宁和曹忠鹏[35],Osman[60],姚延波等[61]等国内外诸多学者对信任作为满意与忠诚中介变量进行了实证验证并支持此观点。

2 理论思路

由上述对旅游者忠诚研究的梳理可见,旅游忠诚(或游客忠诚)由一般营销学中的顾客忠诚理论演化而来,主要关注旅游者对于旅游系统中某一环节的服务供应商或目的地的忠诚。理论方面,虽然已有研究主要以旅游者对旅游目的地的忠诚为范畴,但对旅游忠诚度的概念和内涵并未达成一致意见,研究者形成了态度忠诚、行为忠诚以及复合忠诚(态度+行为)等多种观点。忠诚度理论研究主要在微观层面展开,即面向具体的顾客或企业。引入到旅游产业后,沿袭了原来的范式,主要研究旅游者对旅游目的地的忠诚。基于旅游"空间转移性"与旅游目的地"相对固定性"特质的冲突,这种传承也导致了忠诚度模型只能进行验证性分析,而很难进行推广性应用,严重削弱了忠诚度理论在旅游产业的应用价值。

实践方面,我们从现实观察到旅游活动似乎证明游客是天生的不忠诚,个人游客极少重游单一目的地,尤其是国际目的地。但同时,旅游市场的整体向上发展趋势基本上是稳定的,整体市场稳定,因此市场是广泛忠诚的。

第一章 乡村旅游者是否会忠诚：超越目的地的视角

事实上,旅游业是一个高度复杂的组织系统,(1)旅游产品并不是单一产品,旅游消费也不是购买单一产品。旅游消费所购买的不是目的地这一特定产品,而是购买了一个旅游活动的过程,购买了一次经历,甚至是购买了一次体验。个人游客也许每年都出游,可是每年都寻求不同的目的地。看上去这是对单一目的地的不忠诚,但是否能认为这是对旅游产业,或旅游活动本身的不忠诚?(2)从旅游行为特征来看,越来越多的游客出游是以活动和兴趣为主,而不仅仅是目的地本身。虽然忠诚度研究的重点是个人,但强大的证据表明,个别游客重游目的地的情况很少,所以基于单一产品"重复购买"的忠诚的概念在旅游业并不完全符合。基于顾客对产品/服务或品牌的忠诚产生重复购买的传统研究范式,在旅游产业中是否合适或需要进行修正?旅游者忠诚是否真正存在?以何种形式存在?

国内外绝大多数相关研究聚焦旅游者对单一目的地的忠诚,然而诸多研究表明随着体验经济时代的到来,旅游者的需求越来越多地从单纯的对目的地的感官体验转向关注自我身心的高层次体验。旅游活动模式正发生着"深刻"的变化:游客从对旅游目的地的选择为主,逐渐开始更多关注旅游过程的体验[62],其带来的是旅游业发展战略、竞争格局、营销模式等领域的重大变革。

世界旅游组织统计,在全世界的旅游中,休闲度假占了40%,观光占了30%。相对于观光旅游而言,休闲、度假旅游拓展了旅游内涵,延伸了旅游产品、产业的链条,旅游者在这个过程中,会产生更深入、更从容的体验(2015年中国休闲度假大会,魏小安)。休闲度假作为人民群众美好生活的重要组成部分,正在从中国老百姓的"调味盐",变成日常生活的"刚需"。同时在现实观察中,我们又发现,旅游者对于同一个休闲度假地,以及同类型的休闲度假地有着较高的重游率。例如作为休闲旅游中的主要类型,乡村旅游的游客重游率就非常高。旅游者会在不同时期,与相同的游伴或不同的游伴,进行同一个乡村旅游目的地的休闲游活动。甚至在每次的活动中,都可能收获不同的旅游体验。因此传统的目的地体验为主的旅游模式逐渐向旅游者过程体验为主的旅游模式转变的现实提示我们,旅游者忠诚,可能存在于一个更宏观的层面或更大的范围,例如对旅游目的地类型偏好的忠诚。在这个体验经济时代,游客倾向于积极寻找新的体验,乡村旅游成为有前途的旅游市场。我们可以把眼光从旅游目的地的角度,转移到旅游者本身,我们会发现,旅游者对同一个乡村旅游目的地的重游可视为旅游者目的地忠诚,同时,旅游者对多个乡村旅游目的地的旅游活动可视为旅游活动类型偏好忠诚。

忠诚度被认为是未来行为的最佳预测指标,也是市场上竞争优势和成功的来源。因此了解旅游者的忠诚度取决于什么以及它是如何形成的,已成为旅游产业和旅游目的地管理的重心。本研究中,我们选取乡村旅游作为典型的旅游活动类型,以南京市江宁区黄龙岘为案例,将乡村旅游游客作为研究对象,以游客体验和游客行为为视角,对乡村旅游目的形象、游客情感体验和乡村旅游客满意度等可以导致乡村旅游旅游者忠诚度的前因变量进行了主题研究。

同时,我们还梳理了乡村旅游者幸福感和乡村旅游目的地居民幸福感研究现状,以及乡村旅游者亲环境行为意图的定量研究。乡村旅游者的幸福感是如何构成的?是否会对旅游者忠诚产生深刻的影响?乡村旅游目的地居民幸福感是否会间接提升旅游者幸福感,进而带来忠诚?乡村旅游者亲环境行为会不会是影响旅游者幸福感和旅游目的地居民幸福感的重要因素?这些都是我们下一阶段研究的主要内容。

我们只是开始探讨了可能带来乡村旅游旅游者忠诚度的前因变量:目的地形象、游客满意度、游客情感体验等,并且提出了可能带来游客忠诚的旅游者幸福感和目的地居民幸福感,这是我们对基于旅游者的忠诚度进行研究的起始阶段。在后续的研究中,我们将以质性研究的方法对旅游者忠诚度进行探索性研究,并对旅游者忠诚度模型进行实证检验,研究重点是满意度、积极情感和幸福感对忠诚度的影响机制。

参考文献

[1] NAM J,EKINCI Y,WHYATT G. Brand equity,brand loyalty and consumer satisfaction[J]. Annals of Tourism Research,2011,38(3):1009-1030.

[2] JACOBY J,KYNER D B. Brand loyalty vs. repeat purchasing behavior[J]. Journal of Marketing Research,1973,10(1):1.

[3] DICK A S,BASU K. Customer loyalty:Toward an integrated conceptual framework[J]. Journal of the Academy of Marketing Science,1994,22(2):99-113.

[4] BROWN G H. Brand loyalty-Fact or fiction?[J]. Advertising Age,1953,23:53-55.

[5] LEE J,GRAEFE A R,BURNS R C. Examining the antecedents of destination loyalty in a forest Setting[J]. Leisure Sciences,2007,29(5):463-481.

[6] DAY G S. A two-dimensional concept to brand loyalty[EB/OL]. 1969.

[7] SIRDESHMUKH D,SINGH J,SABOL B. Consumer trust,value,and loyalty in relational exchanges[J]. Journal of Marketing,2002,66(1):15-37.

[8] OLIVER R L. Whence consumer loyalty?[J]. Journal of Marketing,1999,63(4_suppl1):33-44.

[9] BACKMAN S J,CROMPTON J L. The usefulness of selected variables for predicting activity loyalty[J]. Leisure Sciences,1991,13(3):205-220.

[10] BALOGLU S. An investigation of a loyalty typology and the multidestination loyalty of international travelers[J]. Tourism Analysis,2001,6(1):41-52.

[11] YUKSEL A,YUKSEL F,BILIM Y. Destination attachment:Effects on customer satisfaction and cognitive,affective and conative loyalty[J]. Tourism Management,2010,31(2):274-284.

[12] FYALL A,CALLOD C,EDWARDS B. Relationship marketing:The challenge for destinations[J]. Annals of Tourism Research,2003,30(3):644-659.

[13] BERKOWITZ E N,JACOBY J,CHESTNUT R. Brand loyalty:Measurement and management[J]. Journal of Marketing Research,1978,15(4):659.

[14] GUEST L. A study of brand loyalty[J]. Journal of Applied Psychology,1944,28(1):16-27.

[15] MECHINDA P,SERIRAT S,GULID N. An examination of tourists' attitudinal and behavioral loyalty:Comparison between domestic and international tourists[J]. Journal of Vacation Marketing,2009,15(2):129-148.

[16] OPPERMANN M. Predicting destination choice:A discussion of destination loyalty[J]. Journal of Vacation Marketing,1999,5(1):51-65.

[17] OPPERMANN M. Tourism destination loyalty[J]. Journal of Travel Research,2000,39(1):78-84.

[18] MECHINDA P,SERIRAT S,ANUWICHANONT J,et al. An examination of tourists loyalty towards medical tourism in Pattaya,Thailand[J]. International Business & Economics Research Journal (IBER),2010,9(1):55-70.

[19] CHEN J S,GURSOY D. An investigation of tourists' destination loyalty

and preferences[J]. International Journal of Contemporary Hospitality Management,2001,13(2):79-85.

[20] BIGNÉ J E,SÁNCHEZ M I,SÁNCHEZ J. Tourism image,evaluation variables and after purchase behaviour:inter-relationship[J]. Tourism Management,2001,22(6):607-616.

[21] YOON Y,UYSAL M. An examination of the effects of motivation and satisfaction on destination loyalty:a structural model[J]. Tourism Management,2005,26(1):45-56.

[22] HERNÁNDEZ-LOBATO L,SOLIS-RADILLA M M,MOLINER-TENA M A,et al. Tourism destination image,satisfaction and loyalty:A study in ixtapa-zihuatanejo,Mexico[J]. Tourism Geographies,2006,8(4):343-358.

[23] CHEN C F,TSAI D. How destination image and evaluative factors affect behavioral intentions?[J]. Tourism Management,2007,28(4):1115-1122.

[24] DEL BOSQUE I R,MARTIN H S. Tourist satisfaction a cognitive-affective model[J]. Annals of Tourism Research,2008,35(2):551-573.

[25] CHI C G Q,QU H L. Examining the structural relationships of destination image,tourist satisfaction and destination loyalty:An integrated approach[J]. Tourism Management,2008,29(4):624-636.

[26] PRAYAG G. Image,satisfaction and loyalty—The case of cape town[J]. Anatolia,2008,19(2):205-224.

[27] HUTCHINSON J,LAI F J,WANG Y C. Understanding the relationships of quality,value,equity,satisfaction,and behavioral intentions among golf travelers[J]. Tourism Management,2009,30(2):298-308.

[28] CHEN C F,CHEN F S. Experience quality,perceived value,satisfaction and behavioral intentions for heritage tourists[J]. Tourism Management,2010,31(1):29-35.

[29] 粟路军,黄福才. 旅游者满意与旅游者忠诚的关系研究:观光旅游者与乡村旅游者比较分析[J]. 旅游学刊,2011,26(11):39-45.

[30] KOTLER P. Marketing management analysis,planning,implementation and control[EB/OL],1997.

[31] WITHEY M J,COOPER W H. Predicting exit,voice,loyalty,and neglect

[J]. Administrative Science Quarterly,1989,34(1):521.

[32] HARRIS L C,GOODE M M H. The four levels of loyalty and the pivotal role of trust:A study of online service dynamics[J]. Journal of Retailing,2004,80(2):139-158.

[33] 汪纯孝,韩小芸,温碧燕.顾客满意感与忠诚感关系的实证研究[J].南开管理评论,2003,6(4):70-74.

[34] 杜建刚,范秀成.基于零售业高端产品中的销售员信任与选购后满意度关系模型研究[J].商业经济与管理,2006(8):3-9.

[35] 冉宁,曹忠鹏.顾客忠诚驱动因素整合模型的建立与比较:基于顾客餐厅选择的实证研究[J].华东经济管理,2013,27(6):143-149.

[36] MOUTINHO L. Consumer behaviour [M]//Strategic management in tourism. Wallingford:CABI,2000.

[37] 唐德荣,杨锦秀,刘艺梅.乡村旅游者重游决策影响因素实证研究:基于重庆市510位城市游客的调查数据[J].农业技术经济,2010(7):78-83.

[38] SATO S,KIM H,BUNING R J,et al. Adventure tourism motivation and destination loyalty:A comparison of decision and non-decision makers[J]. Journal of Destination Marketing & Management,2018(8):74-81.

[39] CASTRO C B,MARTÍN ARMARIO E,MARTÍN RUIZ D. The influence of market heterogeneity on the relationship between a destination's image and tourists' future behaviour[J]. Tourism Management,2007,28(1):175-187.

[40] KOZAK M. Repeaters' behavior at two distinct destinations[J]. Annals of Tourism Research,2001,28(3):784-807.

[41] LIU C R,LIN W R,WANG Y C. From destination image to destination loyalty:Evidence from recreation farms in Taiwan[J]. Journal of China Tourism Research,2012,8(4):431-449.

[42] CAMPÓN-CERRO A M, HERNÁNDEZ-MOGOLLÓN J M, ALVES H. Sustainable improvement of competitiveness in rural tourism destinations:The quest for tourist loyalty in Spain[J]. Journal of Destination Marketing & Management,2017,6(3):252-266.

[43] WU C W. Destination loyalty modeling of the global tourism[J]. Journal of

Business Research,2016,69(6):2213-2219.

[44] BAKER D A,CROMPTON J L. Quality,satisfaction and behavioral intentions[J]. Annals of Tourism Research,2000,27(3):785-804.

[45] SEVERT D,WANG Y C,CHEN P J,et al. Examining the motivation,perceived performance,and behavioral intentions of convention attendees:Evidence from a regional conference[J]. Tourism Management,2007,28(2):399-408.

[46] UM S,CHON K,RO Y. Antecedents of revisit intention[J]. Annals of Tourism Research,2006,33(4):1141-1158.

[47] ANUWICHANONT J P,MECHINDA P P. The Impact of perceived value on spa loyalty and its moderating effect of destination equity[J]. Journal of Business & Economics Research(JBER),2011,7(12):73-89.

[48] WILLIAMS P,SOUTAR G N. Value,satisfaction and behavioral intentions in an adventure tourism context[J]. Annals of Tourism Research,2009,36(3):413-438.

[49] 陆林,刘莹莹,吕丽.旅游地旅游者忠诚度机制模型及实证研究:以黄山风景区为例[J].自然资源学报,2011,26(9):1475-1483.

[50] 黄玉理,黄英.旅游者重游决策影响因素的实证研究[J].成都大学学报(自然科学版),2010,29(4):361-364.

[51] PINKUS E,MOORE S A,TAPLIN R,et al. Re-thinking visitor loyalty at 'once in a lifetime' nature-based tourism destinations:Empirical evidence from Purnululu National Park,Australia[J]. Journal of Outdoor Recreation and Tourism,2016(16):7-15.

[52] 粟路军,黄福才.服务公平性对旅游者忠诚的作用机理研究:以武夷山观光旅游者为例[J].旅游科学,2010,24(4):26-39.

[53] DE ROJAS C,CAMARERO C. Visitors' experience,mood and satisfaction in a heritage context:Evidence from an interpretation center[J]. Tourism Management,2008,29(3):525-537.

[54] PEARCE P L,PACKER J. Minds on the move:New links from psychology to tourism[J]. Annals of Tourism Research,2013(40):386-411.

[55] FORGAS-COLL S,PALAU-SAUMELL R,SÁNCHEZ-GARCÍA J,et al.

Urban destination loyalty drivers and cross-national moderator effects：The case of Barcelona[J]. Tourism Management,2012,33(6)：1309－1320.

[56] 熊元斌,吕丹.旅游地品牌认同与旅游者忠诚关系的实证研究框架建构[J].武汉商学院学报,2014,28(6):5－10.

[57] 粟路军,黄福才.旅游地社会责任、声誉、认同与旅游者忠诚关系[J].旅游学刊,2012,27(10):53－64.

[58] 粟路军,马北玲.旅游者—旅游地认同驱动因素及其对忠诚的影响[J].经济地理,2013,33(10):182－187.

[59] SIRDESHMUKH D,SINGH J,SABOL B. Consumer trust,value,and loyalty in relational exchanges[J]. Journal of Marketing,2002,66(1)：15－37.

[60] OSMAN Z,ILHAM S. A study of mediating effect of trust on customer satisfaction and customer loyalty relationship in Malaysian rural tourism[J]. European Journal of Tourism Research,2013,6(2)：192－206.

[61] 姚延波,陈增祥,贾玥.游客对目的地的信任:维度及其作用[J].旅游学刊,2013,28(4):48－56.

[62] MCKERCHER B,DENIZCI-GUILLET B,NG E. Rethinking Loyalty[J]. Annals of Tourism Research,2012,39(2)：708－734.

第二章 体验视角下乡村旅游目的地形象

引言

良好目的地形象是目的地形成竞争优势和可持续性的有力工具，会影响个体的主观感知、后续行为和目的地的选择，是旅游研究中的重要话题[1-2]。已有的研究在目的地形象的概念、测量、属性、影响因素、形成机理和评价等方面取得了显著成果[3-5]。目的地形象是一个复杂的多维度结构，一些学者认为目的地形象是由"认知-情感"二维理论模型构成，认为目的地形象包括认知形象、情感形象以及两者共同构成的整体形象[2]。早期的研究往往局限于目的地的认知形象，然而单纯的认知形象不足以解释游客的感知，情感形象和整体形象在目的地形象的塑造中扮演的角色日益引起重视[6-7]。20世纪80年代末，西方学者开始出现感官研究转向，认为旅游目的地作为一个非惯常环境，涉及认知、情感和感官刺激，感官在个体感知周围世界中的作用越来越受到不同学科的关注[8-9]。Son和Pearce构建了目的地形象多维评价模型，认为游客对目的地感知的形象包括认知、情感和感官形象[5]。然而已有的对目的地的情感形象、感官形象以及包括认知、情感和感官形象的整体目的地形象的研究仍缺乏深入的探讨。另一方面，当前目的地形象的研究尺度主要是国家或是城市目的地，缺乏特定类型旅游目的地形象的研究。习总书记在十九大报告中明确提出乡村振兴战略，乡村旅游成为"三农"工作的重要抓手。乡村旅游目的地以其原汁原味的农家风味、农事活动、农村景观和民俗风情，满足城市居民追求回归田园、乡野生活体验的需求[10]，正蓬勃发展。

随着体验经济时代的到来，人们将消费的重点从产品和服务向体验转移，旅游体验研究日益受到学者的重视。旅游体验是处于旅游世界中的旅游者在与其当下情境深度融合所获得的一种身心一体的畅爽感受,是旅游个体借助观赏、交往、模仿和消费等活动,通过与外部世界取得暂时性的联系,旅游者的内在心理过程与旅游客体所呈现的表面形态和深刻含义之间相互交流和相互作用的结果[11]。从体验的视角可以反映游客感知对目的地的认知、情感以及多感官形象的形成。近年来,随着新媒体的到来和通信技术的发展,互联网上的用户生成内容(UGC)为研究目的地形象提供了新视角。线上环境具有开放、自由、共享的特征,用户生成内容(UGC)数据主要包括在线文本、图像数据等,可以较为精确地反映游客在目的地的体验,影响游客对目的地的形象。鉴于此,本研究基于网络用户生成内容(UGC)数据,探究乡村旅游目的地认知、情感和多感官形象,旨在丰富乡村旅游目的地形象的概念内涵,为目的地管理和营销提供启示。

1 旅游体验和旅游目的地形象

1.1 旅游体验

旅游体验的研究始于20世纪70年代,Boorstin将旅游体验理解为一种流行性消费行为,是旅游者经历的已经设计好的"虚假事件(Pseudo-events)"[12]。MacCannell反对Boorstin的观点,认为旅游体验并非是一种消极的"虚假事件",而是体现了旅游者对生活窘迫的积极回应,由于现代社会的"失真",促使人们去通过旅游寻找失落的本真性,认为旅游者是本真性的朝圣者[13]。这两类截然不同的定义,引起了学术界对旅游体验基础理论的探讨。Culler沿用了MacCannell的观点,将体验比喻为旅游者在寻找着真实"符号"的同时,从大量复制品中找到的快乐。Turner从宗教仪式的研究中提出"朝圣模式",认为旅游类似于朝圣者的拜访,既不是MacCannell追求的旅游体验的严格真实性,也不是Boorstin所坚持的虚假、做作、刻板的时代的病症,认为旅游是"远方的中心"[14]。已有的旅游体验基础理论的研究多集中在社会学、现象学、符号学、心理学等视角下对体验的本质、类型、生成途径等层面的分析。早期,在旅游活动没有普及时,学者局限于研究旅游体验的客观因素,认为同时同地参加同一旅游活动的游客,会获得基本一样的体验,这一观点显然忽视了游客的主观感知对旅游体验的影响,目的地的产品和服务并不能完全决定游客旅游体验的质量[15]。近年来,旅游体验的研究逐步加深了对体验内涵的探讨,游客的情感因素和感官因素开始受到学者的关注。例如，Schmitt 认为体验是个整体性的混合概念，他将体验分为感官（sense）体验、情感（feel）体验、思维（think）体验、行动（act）体验和关系（relate）体验[16]；Huang 等认为旅游体验包含感官（或身体）、社交、情感和智力四种基本类型[17]；Pearce 和 Wu 等提出包含认知、情感、感官、活动和关系的游客现场体验的管弦乐队模型[18]；杜建刚等认为旅游体验是由功能、感官、情感、社会和知识体验五个维度构成[19]。

一方面，游客的情感体验在旅游中的作用日益凸显，旅游体验的主体是旅游者，其本质是旅游者对快乐的追求，是旅游者以情感或情绪表现出来的一种情感状态，情感是体验的重要组成部分[20-22]。例如，谢彦君认为旅游体验追求的是一种愉悦的感受，提出旅游情感体验的"一元两极多因素影响"模型，指出情感只有一个维度——愉悦度，使用"快乐-痛苦"两极来测量旅游者的情感[20]；Coghlan 等以参与志愿旅游活动的游客为例，通过日记记录游客旅游过程中的情感状态，研究结果表明游客在目的地的情感随时间动态变化[23]；Hosany 等为捕捉游客对目的地的情感反应的范围和强度，开发了包含欢乐（Joy）、爱（Love）、积极惊喜（Positive surprise）3 个维度 15 个题项的目的地体验情感量表（Destination Emotion Scale，DES)[24]。类似的研究丰富了旅游体验的情感内涵。另一方面，旅游者在目的地的体验是多感官的，是旅游过程中通过视觉、听觉、味觉、嗅觉、触觉乃至整个身体对旅游目的地的感知，旅游体验研究从单纯的视觉凝视转向多感官及身体本身的研究。Obrador 等通过民族志方法研究了游客在海滩日光浴中的触觉感知，并认为这是游客获得愉悦的主要来源[25]。Falconer 发现美食旅游中的背包客通过食品和饮品的多感官体验来塑造他们的地方感[26]。Kastenholz 研究发现感官体验触发了情感，从而增强了游客的地方依恋[27]。

从上述分析中可知，体验作为旅游活动的内核，一直受到学术界的关注。近年来，对其内涵的研究加深了情感和具身（感官）属性的探讨。

1.2 目的地形象

形象这一概念最早来自 Boulding 的研究，20 世纪 70 年代 Hunt 等学者将其引入旅游领域[1]。早期的研究侧重于从主观认知的角度解释目的地形象，认为目的地形象是个人对目的地的信念、想法和印象的总和[28]。如：Hunt 认为目的地形象是个人对非居住地所持有的纯粹主观的印象。随着研究的深入，研究人员逐渐意识到除认知形象外，情感形象也至关重要，一些学者提出目的地形象的"认知-情感"二维理论模型，并得到广泛的关注，认知形象和情感形象的结合构成了目的地的整体形象[2,6]。其中认知形象是旅游者对目的地及其属性的信念和知识,有助于形成对目的地的心理认知,情感形象解释了个人对目的地的情感或情感反应,而整体形象是对旅游目的地的整体感知,受认知和情感形象的影响[29]。Gartner 进一步优化了目的地形象研究的理论基础,提出"认知-情感-意动"的三维结构[6],其中意动形象是旅游者基于目的地各种知识和信息的行为意向,是旅游者持有目的地形象所产生的结果[30-31],用于研究目的地形象与行为意向(满意度、忠诚度等)之间的相关关系[32-34]。已有的目的地形象的研究主要包括目的地认知、情感要素的识别,对比分析不同游客对目的地的认知、情感形象差异以及认知、情感、整体形象和认知、情感、意动形象之间的相关关系[7,29,33,35-36]。例如:Hernández 等研究了文化事件中认知和情感形象对整体形象的影响[37];邓宁等通过 Flickr 图片对比分析中国港澳台地区以及英国、美国旅游者对北京的认知和情感形象[38];钱晓燕等基于中国港澳地区居民实证研究潜在游客的目的地认知、情感形象及其行为意图的相关关系[33];Afshardoost 等研究了旅游目的地认知、情感形象、整体形象与旅游者行为形象的关系。旅游目的地感官形象研究相关作者及主要观点见表 2.1 所示。

　　旅游在某种意义上是一种审美和感官的存在方式,身体是感官的载体,许多学术领域都反映了感官对认知和理解世界的贡献[9,39]。近年来,目的地营销开始注意目的地形象给游客带来的感官刺激(表 2.1),目的地被描述为多感官的,不仅由视觉印象构成,还包括相关的声音、气味、味道和触觉。受 Urry 旅游凝视理论的影响,对感官的研究以视觉为主导,且较为深刻和多样,近年来听觉、味觉形象的研究也逐渐兴起,但嗅觉、触觉形象的研究仍处于边缘位置[8,40]。旅游是多感官共同参与的过程,所有的感官在旅游体验中都是重要的,采用整体的研究思路对目的地多感官形象研究是有必要的。Xiong 等分析了湖南凤凰古城的目的地多感官形象[41];Mateiro 等研究了山岳型目的地的多感官形象[42];Agapito 等、吕兴洋等研究指出游客能对目的地生成清晰的感官印象,进而会影响游客的长期记忆以及目的地忠诚[43-44]。另一方面,有学者认为目的地形象是包括认知、情感、感官多维度形象的。Son 等提出目的地形象评估的"认知、情感、感官"框架[5];Huang 等延续这一框架对比分析中国大陆已游、未游游客对澳大利亚旅游目的地的认知、情感、感官形象差异[32]。他们的研究有助于澳大利亚目的地形象的塑造,然而此后十年,鲜有作者继续探讨这一理论框架。"认知-情感-感官"三维模型提供了目的地形象研究的理论框架,一方面,能够帮助研究者更准确地识别游客对目的地的评价。另一方面,该理论框架依托游客在目的地的体验感知,适合开展体验视角下目的地形象的研究。

表 2.1　旅游目的地感官形象研究相关作者及主要观点

感官	研究层面	研究者	主要观点
视觉	视觉形象感知 视觉形象评价 眼动数据分析等	Hunter(2013)[45] 黄燕、赵振斌等(2015)[46] 郭素玲、赵宁曦等(2017)[47] 王敏、江冰婷等(2017)[48] 王素洁、黄楷伊等(2018)[49]	解读照片等呈现出的目的地视觉形象感知并进行分析 运用眼动数据、量表测量,探索游客的视觉形象感知、视觉形象的评价等 明确游客对目的地视觉形象的偏好
听觉	概念分析 声音与旅游形象的关系 感知满意度 自然安静等	叶岱夫(1988)[50] 朱竑、韩亚林(2010)[51] 仇梦嫄、王芳(2013)[52] Votsi、Mazaris 等(2014)[53] 徐海军、吕兴洋(2019)[54]	目的地歌曲影响旅游目的地形象 目的地声音景观影响游客满意度 自然安静可以提高游客在目的地的体验质量
味觉	美食旅游 美食对目的地的影响	Kivela、Crotts(2016)[55] 李湘云、吕兴洋等(2017)[56] Ellis、Park 等(2018)[57]	美食是目的地形象的重要维度 美食会提高游客在旅游目的地的体验质量 美食的独特味道和品质对旅游者具有独特的吸引力,会使游客产生重游意愿
嗅觉	目的地气味营销 嗅觉记忆	Dann、Jacobsen(2003)[58] 钟科、李佩锟(2019)[59]	在线嗅觉文字影响游客感知有用性,并增加游客的记忆 目的地的独特特征可以通过气味记忆来获得,可以提高目的地的吸引力
触觉	触觉感知 触觉感知与消费意愿	黄静、郭昱琅(2015)[60] 郭婷婷、李宝库(2019)[61] Lv、Li 等(2020)[62]	在线触觉文字影响消费者的感知有用性 触觉形象影响消费者的购买意愿
多感官	目的地感官营销 多感官形象的感知 多感官感知与记忆 多感官感知与忠诚度	Son、Pearce 等(2005)[5] Huang、Gross(2010)[32] Agapito 等(2013、2014、2017)[9, 44, 63] Xiong、Hashim 等(2015)[41] 吕兴洋等(2019)[64] Lv、Li 等(2020)[65]	旅游者能够对目的地生成清晰的感官形象 每一种感官对目的地形象的塑造都重要 感官形象促进难忘的旅游体验,并影响游客的长期记忆 目的地缺乏感官营销的系统思考

资料来源:依据文献整理得出

1.3　乡村旅游目的地形象

乡村旅游是游客休闲活动的重要类型,早在 20 世纪 50 年代西方学者就开始关注乡村旅游的研究。已有的乡村旅游概念的界定往往与特定的研究目的或是研究对象相关,包含不同视角的概念内涵。本研究旨在基于游客体验探究乡村旅游目的地形象,我们选择杜江等学者的定义,认为乡村旅游是以乡野农村的风光和活动为吸引物,以都市居民为目标市场,以满足旅游者娱乐、求知和回归自然等方面需求为目的的一种旅游方式[66]。

"认知-情感-感官"三维形象与体验研究中的某些理论成果是相通的,例如:Padget 等认为消费者领域中的服务体验是指旅游者对一个具体的服务事件所做出的认知、情感和行为反应;Bosque 等在研究游客的体验满意度时,指出认知感知和情感感知不是相互独立的,游客对旅游地的认知感知会影响情感感知[67];谢彦君、吴俊等学者将具身理论引入旅游体验中,指出游客在目的地的体验是通过身体的感知,包含多个感官维度[68-69]。基于目的地形象的认知、情感和感官形象的思考、当前乡村旅游目的地形象的研究,成果多涉及游客在目的地的体验。具体来看,外文期刊的研究成果较国内相对丰富,但目前国内外的研究均缺乏从整体观的角度研究乡村旅游目的地的"认知-情感-感官"形象。在国外的研究成果中,以 Agapito,Kastenholz 为代表的学者近些年的研究一直聚焦在乡村旅游目的地的体验,关注乡村目的地的情感、感官层面。如:Agapito 等研究了乡村目的地的感官体验及其与忠诚度的关系[9,42,44];Kastenholz 等研究乡村目的地的情感和感官体验及其与地方依恋的关系[27,70]。在单纯的目的地形象研究上,Zhou 等基于网络 UGC 数据研究江西婺源的认知、情感形象[71]。然而国内乡村旅游的研究就相对匮乏,仍多聚焦在目的地认知形象特征,很少有研究考虑乡村旅游目的地的情感和感官形象。乡村旅游作为一种重要的旅游类型,目的地的自然、人文资源、乡村文化及当地美食可以给游客提供丰富的认知、情感、感官刺激,因此有必要基于这一理论框架探究乡村旅游目的地的形象。综上所述,本研究以乡村旅游为案例地,基于"认知-情感-感官"三维结构,探究游客体验视角下乡村旅游目的地的认知、情感和感官形象。

2 研究设计和研究方法

南京市江宁区毗邻主城,各类旅游资源丰富,是"首批国家全域旅游示范区""首批乡村治理体系建设试点县"。黄龙岘位于其美丽乡村休闲集聚区,是南京重点发展的乡村旅游示范区,盛产雨花茶,素有"首批全国乡村旅游重点村""中国最美休闲乡村"之誉。目的地可以为游客提供丰富的旅游体验。因此,研究选择黄龙岘作为案例目的地具有代表性。

本研究从大众点评抓取了截至 2020 年 2 月的游客点评数据,剔除重复无意义的评论,最终筛选出 579 条评论。研究基于内容分析法,使用 Nvivo 进行分析。内容分析法是将非定量的文本、图像等转化成定性的数据资料的方法。Nvivo 可以对研究者在分析过程中确定的节点进行分类、修改,使用 Nvivo 进行分析可以确保数据分析的严谨性。一方面,在编码的过程中,为了有助于分析目的地特色资源的开发,我们尽量将与"茶"有关的维度进行单独编码。另一方面,在整个分析过程中都采用两位独立编码人员分别进行归纳,然后彼此检查,最终确定编码的类属。

3 体验视角下的乡村旅游目的地形象

3.1 认知形象

编码共识别目的地旅游吸引物(55.53%)、旅游活动(23.51%)、旅游设施(20.95%)3 大类认知形象,按照编码比例排序包括:休闲亲子活动(23.51%)、自然风光(14.61%)、茶(14.38%)、乡村美食(11.43%)、旅游食宿接待设施(8.64%)、乡村农产品(6.63%)、休闲设施(6.17%)、新鲜的空气(4.89%)、旅游交通设施(4.01%)、乡村氛围(3.58%)、娱乐设施(1.74%)、旅游购物设施(0.23%)和其他旅游配套设施(0.16%)共 13 类子类目。整体来看,旅游购物设施(0.23%)和其他旅游配套设施(0.16%)的编码比例较低,理应删除该类编码,但考虑到它们属于旅游设施的重要类属,所以我们将其予以保留(表 2.2)。

目的地的自然和人文资源构成了目的地的核心吸引物,其中尤以自然资源最为突出。亲近、享受自然的观点较多的出现在游客点评中,目的地的自然风光、茶、新鲜的空气是游客主要识别的与自然有关的认知形象。相比较于其他乡村地区,黄龙岘位于丘陵地带,拥有大量的自然景观,山、水、植被资源丰富,且当地居民一直种植茶叶,生产雨花茶,形成了与城市地区和其他乡村地区有鲜明对比的目的地特色旅游资源,吸引大量游客前往。除此之外,识别的旅游吸引物还包括乡村美食、乡村农产品和乡村氛围,这些要素的识别与乡村地区的景观和乡村民俗等有关。农家乐是乡村旅游的重要组成部分,乡村的美食主要依托当地的农副产品以及当地的习俗,如当地特色的乌米饭、茶干等都是当地文化的重要体现形式。乌米饭早在唐代就开始出现,农历四月初八是江苏、湖北、湖南、安徽等地传统民间节日——乌饭节。目前在南京的农村,立夏还有"吃乌饭"的习俗。在识别的乡村农产

表 2.2 黄龙岘认知形象

认知形象类目	认知形象子类目	认知形象子类目编码示例(频次)
旅游吸引物(55.53%)	自然风光(14.61%)	风景优美(271)、山清水秀(155)、蓝天白云(19)
	茶(14.38%)	茶园(169)、茶文化(103)、茶叶(70)、茶山(52)、茶树(20)、炒茶(14)、茶壶绿植造型(10)
	乡村美食(11.43%)	农家乐美食(270)、小吃(66)、茶干(12)
	乡村农产品(6.63%)	农特产(50)、鸡蛋(30)、蔬菜(26)、茶叶(20)、土鸡(14)、茶干(13)、竹笋(11)、蜂蜜(8)、锅巴(8)、鱼干(7)、黄龙四宝(6)、栗子(5)、萝卜干(4)
	新鲜的空气(4.89%)	新鲜的空气(146)、负氧离子(3)
	乡村氛围(3.58%)	没有城市的喧嚣(36)、世外桃源(24)、村庄整洁干净(20)、生活节奏慢(13)、田园风光(16)
旅游活动(23.51%)	休闲亲子活动(23.51%)	闲逛(102)、拍照(66)、搭帐篷(64)、喝茶(62)、亲子活动(57)、休闲好地方(54)、打牌(32)、放风筝(30)、钓鱼(29)、骑行(28)、观光(27)、适合家庭休闲和亲子(25)、聊天(22)、野餐(22)、采茶(21)、遛狗(16)、露营(12)、散心(10)、发呆(6)、采摘(6)、烧烤(6)、骑马(5)、跑步(5)、捞鱼(4)、溜娃(3)、锻炼(2)
旅游设施(20.95%)	旅游食宿接待设施(8.64%)	农家乐(190)、民宿(73)
	休闲设施(6.17%)	草坪(62)、风情街(61)、茶馆(48)、驿站(10)、茶缘阁(5)、炒茶坊(2)
	旅游交通设施(4.01%)	停车场(53)、观光游览车(40)、景区外部交通(18)、堵车(11)
	娱乐设施(1.74%)	游乐休闲设施较少(24)、童趣园(17)、茶文化博物馆(5)、陶器铺(4)、都市马场(3)
	旅游购物设施(0.23%)	创意集市(5)、无人售货亭(2)
	其他旅游配套设施(0.16%)	洗手间(5)
注:认知形象类目与子类目中(%)为该认知形象的编码数目/总认知形象的编码数目		

资料来源:依据大众点评黄龙岘游客点评数据整理得出

品中,除当地的土鸡、土鸡蛋、蔬菜等农副产品外,还有当地的黄龙四宝:茶干、笋干、鱼干、萝卜。另外,与乡村氛围有关的要素识别的较少,这说明当地缺少人文资源,乡村文化不够明显,对于某一特定目的地而言,游客识别的自然和人文资源应存在差异,但当差异较为明显时,尤其是以乡村性为核心竞争力的乡村旅游地区,乡村氛围的匮乏是需要引起目的地开发者的重视[72]。

黄龙岘识别的旅游活动为休闲亲子活动（23.51%），该占比在识别的13个认知形象子类目中排首位。很多游客表示目的地适合开展休闲亲子活动。如：
"附近是一个大草坪，随处可见带了帐篷开车来周末亲子游的家庭，欢声笑语，好不热闹。""这里适合休闲一日游，钓钓鱼，品尝农家饭，随意地走走，既可以放松身心又可以锻炼身体，还可以欣赏秋天的风景，一举多得。"

在大众休闲时代，乡村旅游是游客休闲的重要形式。受新冠疫情的影响，旅游业受到重创。乡村旅游地往往位于都市周边的户外开放空间，游客主要为周边城市的居民，旅游人数一般少于市区景点。相比于出境游、跨省游，该类旅游景点会是受疫情影响恢复最快的旅游类型，满足蜗居数月的城市居民休闲的需求。

目的地的旅游设施也是识别出的认知形象，其中以旅游食宿设施、休闲设施、旅游交通设施为主，然而，在识别的旅游交通设施中，游客感知到的多为负面形象，已有的停车位数量不能满足游客的需要，存在难停车和堵车现象。娱乐设施、旅游购物设施和其他配套设施识别的占比较少。尽管乡村旅游目的地开发的重点是目的地亲近自然的乡村属性，但是旅游体验的目的是为了获得娱乐，目的地识别的仅有的娱乐设施（1.74%）似乎并不能满足游客的旅游活动。例如：
"玩的话没啥玩的，只有一个大草坪好多人搭帐篷。""……游乐设施不是很足，没什么'放飞儿童'的地方。""周末放假看看风景还是可以的，没有更多的娱乐，大老远去还是有点小失望的。"

3.2 情感形象

已有的测量游客情感的量表多来自心理学领域，如Russell的情感环状量表，由两个主要维度"唤醒的（arousal）—沉睡的（sleepiness）""愉快的（pleasure）—不愉快的（displeasure）"和两个衍生维度"兴奋的（excitement）—沮丧的（depression）""放松的（relaxation）—忧虑的（distress）"构成[73]；Watson的积极消极情感量表（PANAS）量表，由10个积极情感和10消极情感构成等[74]。其中PANAS量表操作最为方便，应用也最为普遍，本研究将游客点评的数据分为积极情感形象和消极情感形象（表2.3）。

表2.3 黄龙岘情感形象

情感形象	情感形象编码示例（频次）
积极情感形象（87.97%）	舒适(55)、放松(56)、惬意(46)、开心(39)、喜欢(36)、愉悦(17)、惊喜(13)、心旷神怡(12)、悠闲(11)、有趣(10)、怀旧(8)、自在(7)、新奇(2)、豁然开朗(2)
消极情感形象（12.03%）	失望(15)、不满(10)、遗憾(7)、后悔(3)、枯燥(2)、紧张(1)
注：情感形象中(%)为该情感形象的编码数目/总情感形象的编码数目	

资料来源：依据大众点评黄龙岘游客点评数据整理得出

识别出的情感形象以积极情感形象为主,占所有情感形象的 87.97%。其中,舒适、放松、惬意、开心、喜欢是主要识别的积极情感。这类情感的产生首先与游客亲近自然、享受自然所得到的精神满足有关。其次,来源于目的地的休闲亲子活动过程中与同行者尤其是孩子的情感互动,游客可以暂时逃离城市压力的生活。正如游客所言:

"呼吸新鲜空气,远离城市喧嚣,放松心情。""打包好自己家的菜,到草地放下折叠桌放下垫子,把吃饭从室内搬到室外,与自然亲密接触,抬头蓝天白云,低头青草满地。甚是惬意,舒服得很。""第一次去没带帐篷,很多很多人搭帐篷,放风筝,陪孩子很休闲,姑娘羡慕的眼神呀!第二次特意带帐篷去搭,带了很多吃的,本打算让她睡一觉回家的,结果兴奋得睡不着。哈哈哈,适合搭帐篷哦!"

在编码的积极情感形象中,怀旧是一个复杂的情感,已有的研究认为怀旧包含积极和消极两个层面,是一种苦乐参半的情绪体验[75]。乡村旅游情境中的怀旧往往与游客的乡愁有关,在重温过去中得到慰藉,如:

"久违的鸡鸣声带你回到童年,想起小时候的玩伴,怀念以前愉快的、无忧无虑的日子。"

所以本研究将怀旧界定为积极情感形象。消极情感形象的占比较少,主要是期望与目的地现场体验不一致导致的失望以及对目的地服务的不满,然而研究同时也发现,尽管游客对旅游过程中的某些因素存在负面感知,但其对整体旅游体验质量的影响可能不显著。

3.3 感官形象

通过对数据中涉及感官的数据进行分析,我们发现其中视觉感官形象占据编码比例的 70.86%,为占比最多的感官形象,其他四类感官仅占 29.14%,为了便于进行数据分析,我们同时统计了单一感官形象占总感官形象的百分比以及感官形象子类目中的维度占该感官形象的百分比(表 2.4)。

识别的视觉感官形象主要有自然景观、茶和乡村景观,主要集中在目的地的自然资源上,乡村景观的识别相对较少,说明目的地的人文资源不足,这一点与认知形象中识别出来的结果是一致的。其次识别的感官形象是味觉(12.75%),味觉形象主要与目的地的美食体验有关,包括乡村美食和茶。识别的嗅觉形象占比 10.61%,目的地丰富的自然资源所带来的良好的生态环境,使得游客能够呼吸新鲜的空气,以及感受当地特色茶资源所带来的嗅觉体验。

听觉和触觉形象的识别相对较少,但也具有重要的参考价值。识别的听觉形象主要有安静、大自然的声音和乡村的声音。如:

表 2.4 黄龙岘感官形象

感官形象类目	感官形象子类目	感官形象子类目编码示例(频次)
视觉(70.86%)	自然景观(60.71%)	风景优美(269)、山(117)、竹林(75)、湖(75)、水(75)、水库(59)、花(57)、黄龙潭(17)、蓝天(17)、树(14)、云(14)、清澈的水(10)、白池塘(8)、小草(4)、水波(1)
	茶(29.00%)	茶园(169)、茶叶(70)、茶山(52)、茶树(20)、采茶的场景(17)、炒茶(14)、茶壶绿植造型(10)
	乡村景观(10.30%)	动物(70)、徽派建筑(20)、田园风光(16)、古官道(11)、菜地(4)、井(2)、牌坊(1)、爆米花机(1)
嗅觉(12.75%)	空气(77.20%)	新鲜的空气(146)、负氧离子(3)
	茶(10.36%)	茶树的香味(12)、茶水的香味(8)
	大自然的气息(9.33%)	花(12)、青草(6)
	农家菜(1.55%)	农家菜(3)
	动物(1.55%)	家畜(3)
味觉(10.61%)	乡村美食(90.52%)	农家菜(98)、土鸡(31)、新鲜时蔬(25)、鱼(22)、小吃(14)、乌米饭(12)、竹笋(8)
	茶(9.48%)	茶(11)、茶干(11)
听觉(2.97%)	安静(53.70%)	安静(27)、夜晚静谧(2)
	大自然的声音(35.19%)	鸟叫(10)、风(4)、水(2)、蛙(2)、知了(1)
	乡村的声音(11.11%)	鸡叫(4)、狗(1)、猫(1)
触觉(2.81%)	风(52.94%)	风(27)
	阳光(47.06%)	晒(15)、温暖的阳光(9)

注：感官形象类目中(%)为该感官形象的编码数目/总感官形象的编码数目；感官形象子类目中(%)为该感官子类目的编码数目/该感官形象的编码数目

资料来源：依据大众点评黄龙岘游客点评数据整理得出

"人少，一路在冬日夕阳下祥和宁静，幸福！自然是最好的馈赠。山也温柔、水也温柔。""进入小道，发现乡村小道沿途风景简直太美了，又安静，超级喜欢，忍不住地就停下来看一看，感受一下这里。""行走其中，呼吸清新的空气，耳听清脆的鸟鸣，看潺潺的流水，倒空一下久居都市所积的喧嚣和污浊。""这次来黄龙岘，直接走了古官道，周围全是竹林，即便是夏天，也不觉得炎热，一路上听着知了在叫，很自在。"

识别的触觉形象主要有风和阳光，其中由于游客前往当天的季节或是天气的不同,游客感受的阳光包括温暖及晒。

4 总结与讨论

本研究基于游客体验的网络用户生成数据(UGC),探索乡村旅游目的地形象。根据"认知-情感-多感官"三维形象评估框架,我们将乡村旅游目的地理解为一种包含认知、情感、感官三个维度的形象。

认知形象主要包括旅游吸引物、旅游活动、旅游设施3大类目,以及13类子类目。其中识别的认知形象最多的为目的地的旅游吸引物,包含目的地的自然和人文旅游资源,而亲近自然的属性是目的地最大的吸引力。休闲亲子活动是13类子类目中占比最多的认知形象,点评游客认为目的地适合开展休闲亲子活动。

研究将识别的情感形象分为积极和消极情感形象,但是识别的情感形象几乎均为积极情感形象(87.97%),Kastenholz等在分析葡萄牙游客在乡村旅游的体验时也得到类似的研究结论[70]。旅游体验的发生是基于旅游者交互行为的身心感受,需要旅游者与旅游情境产生行为、情感等方面的交流[11]。旅游者与目的地的景观和"人-人"之间的互动可以提升游客在目的地的体验质量,获得愉悦的情感体验。这一点与Bagdare[76]、彭丹[77]的研究结论是一致的,认为旅游体验是旅游者与目的地环境、居民以及其他各种客体交互的结果。识别的消极情感较少,且可能对高质量的旅游体验效果不显著。温碧燕在研究旅游服务满意度时,认为旅游体验为享乐性活动,游客的体验主要受积极情感的影响[78];王建明在研究环境情感维度对消费碳减排行为的影响时认为消极情感与个体心理距离较远,其唤醒程度往往比积极情感低[79]。结合他们的分析,研究认为游客对乡村旅游这类休闲活动的态度一般都是积极的,负面情感的心理距离相对较远,而且游客在旅游过程中会对自身的负面情感进行情绪调节,促使消极情感不对旅游体验产生太大的影响。

旅游者的五种感官对目的地形象的塑造都有重要价值。旅游本质上是一种审美活动,主要依赖人们的视觉,研究识别出70.86%的视觉感官形象,占比最多,其次识别出的感官形象依次为味觉、嗅觉、听觉和触觉。这一顺序与Agapito[9]、Xiong[41]、吕兴洋[43]等学者识别的结果不太一致,这一差异主要取决于目的地本身的特质。黄龙岘良好的生态环境使得新鲜的空气成为目的地的重要吸引力,使得嗅觉感官形象增加;味觉主要是由于农家美食是目的地的旅游资源,农家乐是乡村旅游的重要组成部分;听觉意象的识别对目的地生态旅游的建设有重要启示,研究表明自然安静可以促进绿色旅游,并提升游客在目的地的体验质量[53];触觉的感官识别最少,也相对比较单一。

乡村旅游目的地形象的研究可以为目的地营销与管理提供启示,具体的内容分析是基于游客自身的认知、情感和感官感知而形成的目的地形象,对潜在游客也同样适用。研究认为:(1)在认知、情感和感官形象中均认可自然资源和茶是目的地的特色资源,管理者要认识到乡村旅游的可持续发展依赖生态环境的保护,要处理好经济发展与环境保护之间的关系。(2)从游客的体验视角来看,目的地缺乏特色的深度体验活动,目的地在开发设计时要依托目的地独有的资源,强调多种感官刺激,以满足游客的各种取向。

此外,本研究还有一些不足之处,研究依据互联网用户生成内容(UGC)识别游客的五种感官意象本身可能就是不准确的,游客在点评中不会主动提到自己看到、听到、品尝到、闻到、摸到什么,编码的主观性较强,虽然研究结论仍有助于我们分析问题,但由于点评数据本身缺乏游客对五种感官的自觉感知,可能未来的研究需要采用访谈或者其他更准确的方法来进一步开展研究。

参考文献

[1] HUNT J D. Image as a factor in tourism development[J]. Journal of Travel Research,1975,13(3):1-7.

[2] BALOGLU S,BRINBERG D. Affective images of tourism destinations[J]. Journal of Travel Research,1997,35(4):11-15.

[3] 林玉虾,林璧属. 基于 Q 方法的旅游目的地形象偏好结构[J]. 热带地理,2019,39(2):278-287.

[4] 王纯阳,黄福才. 基于 SEM 的旅游目的地形象影响因素研究:以张家界为例[J]. 经济管理,2010,32(3):92-100.

[5] SON A,PEARCE P. Multi-faceted image assessment[J]. Journal of Travel & Tourism Marketing,2005,18(4):21-35.

[6] GARTNER W C. Image formation process[J]. Journal of Travel & Tourism Marketing,1994,2(2/3):191-216.

[7] BEERLI A,MARTIN J D. Tourists' characteristics and the perceived image of tourist destinations:A quantitative analysis—a case study of Lanzarote,Spain[J]. Tourism Management,2004,25(5):623-636.

[8] 徐虹,周泽鲲. 气味景观感知对乡村地方依恋的影响机制研究:兼论怀旧的中介作用[J]. 人文地理,2020,35(4):48-55.

[9] AGAPITO D,VALLE P,MENDES J. The sensory dimension of tourist experiences:Capturing meaningful sensory-informed themes in Southwest Portugal[J]. Tourism Management,2014(42):224-237.

[10] 吴巧红. 后现代视角下的乡村旅游[J]. 旅游学刊,2014,29(8):7-9.

[11] 谢彦君. 基础旅游学[M]. 2版. 北京:商务印书馆,2015.

[12] BOORSTIN D J. The image:A guide to pseudo-events in America[M]. [S. l.]:Vintage Books,1964.

[13] MACCANNELL D. Staged authenticity:Arrangements of social space in tourist settings[J]. American Journal of Sociology,1973,79(3):589-603.

[14] 陈才,卢昌崇. 认同:旅游体验研究的新视角[J]. 旅游学刊,2011,26(3):37-42.

[15] 马雄波. 游客乡愁对乡村旅游满意度与忠诚度的影响研究[D]. 武汉:中南财经政法大学,2017.

[16] SCHMITT B. Experiential marketing[J]. Journal of Marketing Management,1999,15(1/2/3):53-67.

[17] HUANG J,HSU C H C. The impact of customer-to-customer interaction on cruise experience and vacation satisfaction[J]. Journal of Travel Research,2010,49(1):79-92.

[18] PEARCE P L,WU M Y,De CARLO M,et al. Contemporary experiences of Chinese tourists in Italy:An on-site analysis in Milan[J]. Tourism Management Perspectives,2013(7):34-37.

[19] 杜建刚,范秀成. 基于体验的顾客满意度模型研究:针对团队旅游的实证研究[J]. 管理学报,2007(4):514-520.

[20] 谢彦君. 旅游体验的两极情感模型:快乐—痛苦[J]. 财经问题研究,2006(5):88-92.

[21] 马天,谢彦君. 旅游体验中的情感与情感研究:现状与进展[J]. 旅游导刊,2019,3(2):82-101.

[22] 马天,谢彦君. 旅游体验的社会建构:一个系统论的分析[J]. 旅游学刊,2015,30(8):96-106.

[23] COGHLAN A,PEARCE P. Tracking affective components of satisfaction[J]. Tourism and Hospitality Research,2010,10(1):42-58.

[24] HOSANY S. Appraisal determinants of tourist emotional responses[J]. Journal of Travel Research,2012,51(3):303-314.

[25] OBRADOR-PONS P. Building castles in the sand:Repositioning touch on the beach[J]. The Senses and Society,2009,4(2):195-210.

[26] FALCONER E. Transformations of the backpacking food tourist:Emotions and conflicts[J]. Tourist Studies,2013,13(1):21-35.

[27] KASTENHOLZ E,MARQUES C P,CARNEIRO M J. Place attachment through sensory-rich,emotion-generating place experiences in rural tourism[J]. Journal of Destination Marketing & Management,2020,17:100455.

[28] CROMPTON J L. An assessment of the image of Mexico as a vacation destination and the influence of geographical location upon that image[J]. Journal of Travel Research,1979,17(4):18-23.

[29] AFSHARDOOST M,ESHAGHI M S. Destination image and tourist behavioural intentions:A meta-analysis[J]. Tourism Management,2020,81:104154.

[30] 刘力. 旅游目的地形象感知与游客旅游意向:基于影视旅游视角的综合研究[J]. 旅游学刊,2013,28(9):61-72.

[31] 王阿敏,吴晋峰,王君怡. 非特定目的地旅游经验对目的地形象的影响研究[J]. 旅游学刊,2018,33(7):79-90.

[32] HUANG S S,GROSS M J. Australia's Destination Image Among mainland Chinese travelers:An exploratory study[J]. Journal of Travel & Tourism Marketing,2010,27(1):63-81.

[33] 钱晓燕,林源源. 潜在游客的目的地形象感知及其行为意图:基于港澳居民的实证研究[J]. 旅游科学,2016,30(4):73-85.

[34] 刘力,陈浩. 温泉旅游地认知形象对游客体验和行为的影响分析[J]. 地域研究与开发,2015,34(6):110-115.

[35] GIRALDI A,CESAREO L. Destination image differences between first-time and return visitors:An exploratory study on the city of Rome[J]. Tourism and Hospitality Research,2014,14(4):197-205.

[36] 郭凤华,王琨,张建立,等.成都"五朵金花"乡村旅游地形象认知:基于博客游记文本的分析[J].旅游学刊,2015,30(4):84-94.

[37] HERNÁNDEZ-MOGOLLÓN J M,DUARTE P A,FOLGADO-FERNÁNDEZ J A. The contribution of cultural events to the formation of the cognitive and affective images of a tourist destination[J]. Journal of Destination Marketing & Management,2018(8):170-178.

[38] 邓宁,刘耀芳,牛宇,等.不同来源地旅游者对北京目的地形象感知差异:基于深度学习的Flickr图片分析[J].资源科学,2019,41(3):416-429.

[39] QUAN S,WANG N. Towards a structural model of the tourist experience:An illustration from food experiences in tourism[J]. Tourism Management,2004,25(3):297-305.

[40] 刘爱利,刘福承,刘敏,等.国内外旅游声景研究进展[J].旅游学刊,2016,31(3):114-126.

[41] XIONG J,HASHIM N H,MURPHY J. Multisensory image as a component of destination image[J]. Tourism Management Perspectives,2015(14):34-41.

[42] MATEIRO B,KASTENHOLZ E,BREDA Z. The sensory dimension of the tourist experience in mountain destinations:The case of Serra da Estrela Natural Park[EB/OL]. 2017.

[43] 吕兴洋,李春晓,李惠璠.感官印象:旅游者忠诚的增益解[J].旅游学刊,2019,34(10):47-59.

[44] AGAPITO D,PINTO P,MENDES J. Tourists' memories,sensory impressions and loyalty:In loco and post-visit study in Southwest Portugal[J]. Tourism Management,2017(58):108-118.

[45] HUNTER W C. China's Chairman Mao:A visual analysis of Hunan Province online destination image[J]. Tourism Management,2013(34):101-111.

[46] 黄燕,赵振斌,褚玉杰,等.互联网时代的旅游地视觉表征:多元建构与循环[J].旅游学刊,2015,30(6):91-101.

[47] 郭素玲,赵宁曦,张建新,等.基于眼动的景观视觉质量评价:以大学生对宏村旅游景观图片的眼动实验为例[J].资源科学,2017,39(6):1137-1147.

[48] 王敏,江冰婷,朱竑.基于视觉研究方法的工业遗产旅游地空间感知探讨:广州红专厂案例[J].旅游学刊,2017,32(10):28-38.

[49] 王素洁,黄楷伊,董玉洁. 中国视觉旅游形象研究:基于社会网络视角[J]. 旅游科学,2018,32(2):66-79.

[50] 叶岱夫. 试论听觉旅游资源的开发和利用[J]. 旅游学刊,1988,3(4):53-55.

[51] 朱竑,韩亚林,陈晓亮. 藏族歌曲对西藏旅游地形象感知的影响[J]. 地理学报,2010,65(8):991-1003.

[52] 仇梦嫄,王芳,沙润,等. 游客对旅游景区声景观属性的感知和满意度研究:以南京夫子庙—秦淮风光带为例[J]. 旅游学刊,2013,28(1):54-61.

[53] VOTSI N E P, MAZARIS A D, KALLIMANIS A S, et al. Natural quiet: An additional feature reflecting green tourism development in conservation areas of Greece[J]. Tourism Management Perspectives,2014(11):10-17.

[54] 徐海军,吕兴洋. 声音品牌化:目的地歌曲对旅游者感知形象的影响研究[J]. 旅游科学,2019,33(6):1-16.

[55] KIVELA J, CROTTS J C. Tourism and gastronomy: Gastronomy's influence on how tourists experience a destination[J]. Journal of Hospitality & Tourism Research,2006,30(3):354-377.

[56] 李湘云,吕兴洋,郭璇. 旅游目的地形象中的美食要素研究:以成都为例[J]. 美食研究,2017,34(1):24-28.

[57] ELLIS A, PARK E, KIM S, et al. What is food tourism?[J]. Tourism Management,2018(68):250-263.

[58] DANN G, JACOBSEN J K S. Tourism smellscapes[J]. Tourism Geographies,2003,5(1):3-25.

[59] 钟科,李佩锚,马士伟. 游客在线评论中嗅觉文字线索的价值[J]. 旅游科学,2019,33(6):17-32.

[60] 黄静,郭昱琅,王诚,等. "你摸过,我放心!"在线评论中触觉线索对消费者购买意愿的影响研究[J]. 营销科学学报,2015,11(1):133-151.

[61] 郭婷婷,李宝库. "看得见"还是"摸得着"?:在线评论中感官线索引发的意象体验效应[J]. 财经论丛,2019(9):82-91.

[62] LV X, LI H F, XIA L. Effects of haptic cues on consumers' online hotel booking decisions: The mediating role of mental imagery[J]. Tourism Management,2020,77:104025.

[63] AGAPITO D, MENDES J, VALLE P. Exploring the conceptualization of

the sensory dimension of tourist experiences[J]. Journal of Destination Marketing & Management,2013,2(2):62-73.

[64] 吕兴洋,徐海军,李惠璠. 目的地感官营销研究综述与展望[J]. 旅游导刊,2019,3(4):66-92.

[65] LV X,LI C,MCCABE S. Expanding theory of tourists' destination loyalty:The role of sensory impressions[J]. Tourism Management,2020,77:104026.

[66] 杜江,向萍. 关于乡村旅游可持续发展的思考[J]. 旅游学刊,1999,14(1):15-18.

[67] DEL BOSQUE I R,MARTIN H S. Tourist satisfaction a cognitive-affective model[J]. Annals of Tourism Research,2008,35(2):551-573.

[68] 吴俊,唐代剑. 旅游体验研究的新视角:具身理论[J]. 旅游学刊,2018,33(1):118-125.

[69] 谢彦君,樊友猛. 身体视角下的旅游体验:基于徒步游记与访谈的扎根理论分析[J]. 人文地理,2017,32(4):129-137.

[70] KASTENHOLZ E,CARNEIRO M J,PEIXEIRA MARQUES C,et al. Understanding and managing the rural tourism experience — The case of a historical village in Portugal[J]. Tourism Management Perspectives,2012(4):207-214.

[71] ZHOU L X. Online rural destination images:Tourism and rurality[J]. Journal of Destination Marketing & Management,2014,3(4):227-240.

[72] 何景明. 国外乡村旅游研究述评[J]. 旅游学刊,2003,18(1):76-80.

[73] RUSSELL J A. A circumplex model of affect[J]. Journal of Personality and Social Psychology,1980,39(6):1161-1178.

[74] WATSON D,CLARK L A,TELLEGEN A. Development and validation of brief measures of positive and negative affect:The PANAS scales[J]. Journal of Personality and Social Psychology,1988,54(6):1063-1070.

[75] 黎耀奇,关巧玉. 旅游怀旧:研究现状与展望[J]. 旅游学刊,2018,33(2):105-116.

[76] BAGDARE S. A conceptual framework for management of tourism experience[J]. Imperial Journal of Interdisciplinary Research,2016,2(6):718-722.

[77] 彭丹.旅游体验研究新视角:旅游者互动的社会关系研究[J].旅游学刊,2013,28(10):89-96.

[78] 温碧燕.旅游服务顾客满意度模型实证研究[J].旅游科学,2006,20(3):29-35.

[79] 王建明.环境情感的维度结构及其对消费碳减排行为的影响:情感—行为的双因素理论假说及其验证[J].管理世界,2015(12):82-95.

第三章　体验感知视角下乡村民宿

引言

改革开放以来,人们的生活水平有了极大的提升,生活品质成为人们追求的目标,出门旅行不再是一项奢侈的活动。随着游客数量的快速膨胀,旅游活动逐渐向城郊和乡村地区扩散,乡村地区成为人们亲近自然、放松身心、享受亲子时光的重要场所。为了推动乡村振兴,改变乡村落后局面,中央一号文件指出要大力发展休闲农业和乡村旅游,有规划地开发休闲农庄、乡村酒店、特色民宿等乡村休闲度假产品[1],进一步推动农村三大产业融合发展。经过几年的努力,乡村振兴战略已经取得巨大的成功,乡村基础设施进一步得到改善、乡村文明建设成果显著。民宿作为乡村旅游中的重要业态形式,是乡村文明展示的窗口,如何提升民宿品质吸引更多的游客住宿是急需解决的重要问题。国内对民宿的研究虽然涉及面比较广,但主要集中在民宿现状分析[2]、经验借鉴[3]以及民宿关联产业[4]等方面的研究。探究游客体验感知可以帮助目的地管理者了解游客意愿和需求,为游客提供优质的产品和服务。但已有的游客感知旅游体验[5-6]以及旅游感知意象[7-8]等研究中对民宿的关注不够,仍缺乏民宿的感知研究。[9-26]鉴于此,本研究基于互联网上的民宿评价数据,进一步明确游客对乡村民宿的感知要素,供民宿经营主体参考。

1　体验感知与乡村民宿

1.1　体验感知

"体验"在汉语词汇中的解释是指亲身经历、实地领会过后,并在脑海里留下深刻记忆的一种活动。旅游领域中体验感知的概念主要由管理学领域中"感知价值"的概念演化而来。自20世纪70年代Boorstin和MacCannell对体验内涵的争论以来[27-28]，研究成果已经慢慢丰硕起来。1982年，Holbrook和Hirschman从社会心理学角度来思考消费者行为，他们认为消费者购买商品不是单纯的市场经济行为，消费者也会从购物中追求收获时的愉悦感以及自我意识的充分表达时的满足感，据此他们提出"顾客体验感知"这一概念[29]；顾客在购买过程中将个人体验感知也纳入衡量商品价值的标准，Zeitheml提出顾客感知价值是一种主观认识，即顾客将自己在购买产品或服务中能够感知到的利益和获取该产品或服务需要付出的成本进行对比后，对产品或服务效用的评价[30]。

顾客感知价值纳入旅游学领域后，Kim在研究中指出旅游感知价值是游客对目的地的各种体验的选择、组织和解释，进而创造出一幅有意义的旅游目的地价值图景的过程[31]。开发出旅游者感知价值测评量表成为旅游界相关学者的重要任务，黄颖华和黄福才[9]、马凌和保继刚[10]、Petrick[32]、Lee和Yoon[33]等人分别给出了自己的看法。综合这几位学者的研究，发现在研究旅游感知时学者们总是围绕情感响应、社会交往、经济成本、文化认知、功能价值等方面。但不同学者对各维度的重要性认知却有所区别，黄颖华和黄福才认为最重要的感知价值维度为情感价值[9]，马凌、保继刚则认为文化认知是最能促进游客满意度的维度[10]。除此之外，感知价值的构成要素与游客行为意象相关关系的研究也是研究的重要方向，且研究往往基于"认知-情感-意向"理论。郭安禧、张一飞等研究发现感知价值维度对旅游者重游意向的差异化影响机制，感知到充分的经济价值能够使游客满意，从而增加重游意愿，而实体价值、学习价值对重游意愿的影响没有经济价值显著[11]；张安民、赵磊以莫干山旅游风情小镇为例研究了三大感知参照价值对居民参与旅游风情小镇建设意愿的影响，指出"感知价值→情感→意愿"是三个前后推进的过程[12]；Su、Swanson等分析了酒店环境中，顾客感知的服务质量对重游意愿和主观幸福的影响，并验证了满意度的完全中介效应和顾客对企业的认同所起到的部分中介效应[34]。Prebensen、Xie研究结果表明，游客对感知价值的掌握程度和心理的共同创造程度对旅游者的感知价值、满意度有重要影响[35]。

1.2 乡村旅游

第一次工业革命过后，欧洲出现了一种农业旅游形式的休闲活动，通常将其称为"Agritourism"，这也是现代乡村旅游的雏形。为了逃避城市严重的污染，人们选择空气质量较为清新的城郊或者乡村作为出游目的地，这种休闲娱乐方式也逐渐得到普及。对乡村旅游的研究起步于对乡村旅游概念的辨析，Bramwell、Lane 从内容上对乡村旅游进行定义，他们认为乡村旅游是复杂的，不仅仅包括农业旅游一种，自然旅游、假日徒步、生态旅游、探险运动、健康旅游、文化旅游、传统旅游以及民宿旅游等具体的旅游形态也应该纳入乡村旅游之中[36]。由于我国乡村旅游起步较晚，所以国内学者吸纳国外学者的早期研究成果，并结合国内乡村旅游发展状况对乡村旅游进行定义。王兵认为乡村旅游是以农业文化景观、农业生态环境、农事生产活动以及传统的民族习俗为资源，集观赏、考察、学习、参与、娱乐、购物、度假于一体的旅游活动[13]；杜江、向萍指出乡村旅游是以乡野农村的风光和活动为吸引物，以都市居民为目标市场，以满足旅游者娱乐、求知和回归自然等方面需求为目的的一种旅游方式[14]；何景明等指出乡村地区，以具有乡村性和人文载体为旅游吸引物的旅游活动[15]。整体上看，由于学者之间开展乡村旅游的视角不同，导致不同学者之间对乡村旅游的概念界定存在差异，但整体上，他们均认可"乡村性"作为乡村旅游的本质[15]。

目前旅游者视角下乡村旅游的研究主要包括乡村旅游的动机、乡村旅游体验等方面的研究。在乡村旅游的动机方面，Park、Yoon 研究了城市居民乡村旅游的动机，认为主要包括放松、社交、学习、家庭团聚、求奇与获得兴奋六个动机维度[37]；Rid、Ezeuduji 认为游客在进行乡村旅游活动时，有多元化的动机需求，不仅追寻优越的自然环境，如阳光、海滩带给身心的愉悦，还希望从各种参与性的活动中获得学习的机会，领略乡土文化，期待从旅行中留下深刻的体验[38]；Lewis、Alessandro 基于推拉理论，研究了澳大利亚老年游客乡村旅游的推动动机，研究指出前往不同类型乡村目的地的游客动机有所差异，其中，前往东部海岸的游客主要动机为放松、逃避、新奇和冒险，而选择澳洲环岛的游客的动机还包括浪漫的属性[39]；胡绿俊、文军研究指出游客选择乡村旅游的动机也有轻重缓急之分，"缓解压力"是他们最低层次的需求，其次是获得人际交往的机会，满足求知欲望以及留下美好的回忆则是较高层次的需求[16]。高海霞、姚瑶吸收了之前学者的研究成果之后，又进行了相应的补充。她们认为游客参与乡村旅游需要从推拉两方面来分析，吸引游客参与乡村旅游的动机有许多，如消遣、实践以及文化动机等，但逃避城市生活的喧嚣烦恼则是参与乡村旅游的"推力"因素[17]；在现行的乡村旅游体验的研究中，囊括了游客体验、体验式产品的开发以及游客满意度、忠诚度等行为意向等方面。如：王蓉等基于网络数据的内容分析，对乡村旅游目的地婺源的游客体验要素编码、打分，得到婺源乡村旅游体验的结构表及各要素评价等级数据集[18]；Stamboulis 等认为为了帮助游客真正融入独特的乡村生活中,最有效的办法就是为游客设计参与体验式的相关活动产品,通过密切接触到乡村特有的一些活动和产品,游客新奇的体验感会迅速提高[40];谢新丽等则将"乡愁"这一具体的体验感觉作为研究对象,认为游客的"乡愁"体验、旅游满意与旅游者消费意愿存在联系,据此她以场所认同与旅游者满意作为中介变量,建构"乡愁记忆"对旅游消费意愿的整合模型[19];Kastenholz 等通过访谈研究乡村旅游中的游客和居民的体验,研究指出乡村体验的社会和情感维度是游客满意度的重要决定因素[41]。总体来看,对旅游体验的研究离不开游客对目的地的体验感知,在体验感知的视角下开展研究是旅游领域长久不衰的重要话题,研究基于体验感知的视角开展后续研究具有可操作性。

1.3 民宿

民宿雏形产生于 20 世纪 60 年代的英国,为了补贴家用,英国居民将自己闲置的房间用于接待滞留在当地的外国士兵,为其提供住宿和餐饮,即"Bed & Breakfast"模式,当时将其称之为家庭旅馆。而民宿(Minshuku)这一概念真正形成于日本,由于日本户外休闲运动迅速发展起来,一大批租借居民在附近农家歇脚或暂住,民宿开始在日本兴起,并逐渐划分为"洋式民宿"和"农场旅舍"两种类型。20 世纪 80 年代,为了解决住宿设施供给不足的问题,台湾垦丁公园涌现了一大批民宿,这也是国内最早发展起来的民宿,而大陆第一家民宿是以"农家乐"的形式出现的。起初,国内并没有对民宿划定范畴,"农家乐""家庭旅馆""居民客栈"等住宿设施都是民宿的"别称",但民宿经过三十多年的演化,已经和传统的农家乐有了较大差别,农家乐主要关注游客物质层面的需求,而民宿在规划过程中更加注重非物质层面的建设,通过新奇独特的装修品、热情周到的服务来满足游客精神体验需求。民宿作为一种住宿业态,内涵丰富,不同的学者在民宿研究中侧重点不同,对民宿内涵的理解上也有差异。Morrison 从产权、规模以及功能上来定义民宿,认为民宿应当是产权所有者经营的,非连锁的,小规模的,能提供游客与主人沟通交流机会,使旅游者了解当地特色风土人情的经营场所[42];台湾 2001 年出台的所谓《民宿管理办法》[20]中对民宿的定义为当时大部分学者所接受,但随着民宿内涵的不断丰富,这一定义已经不再适用。结合国内民宿发展,文旅部新发表的《旅游民宿基本要求与评价》中将民宿定义为"利用当地民居等相关闲置资源,经营用客房不超过 4 层、建筑面积不超过 800 m²,主人参与接待,为游客提供体验当地自然、文化与生产生活方式的小型住宿设施"[21]。

国外民宿发展起步较早,目前已经发展成熟。近几年,民宿研究的发文数量持续膨胀,且集中于美国、日本等较为发达的国家和地区。检索文献发现早期民宿的研究中,通常会出现"Bed & Breakfast""Homestay"以及"Guest House"等字眼,这也是国外民宿的一般性称呼。国外研究手段多样,通常将民宿置于宏观角度下,对区域民宿产业发展和民宿企业经营管理进行实证研究,Kunjuraman、Hussin等人发现马来西亚寄宿家庭(Homestay)在经营过程中仍然存在着许多问题,基础设施建设落后、恶性竞争、人员素质低下以及安全隐患等问题突出,据此他认为旅游利益相关者应当进行合作来达成生态旅游发展目标[43]。游客行为特征也是国外研究重点,Rasoolimanesh等人以马来西亚寄宿家庭(Homestay)为例,构建"功能-情感-社会价值"三维感知价值维度,发现感知价值正向影响旅游满意度[44];Wang和Hung利用多元回归分析来探究影响游客住宿体验的因素,发现顾客能够感知到的经济效用价值是影响住宿体验的首要因素,文化氛围、提供的服务、房间设备以及清洁度都能显著影响住宿体验,所以民宿旅馆(Guest House)应从这些方面入手为顾客塑造更好的住宿体验[45]。而国内对游客在民宿住宿体验中的价值感知的研究中,主要集中在探析游客满意度与游客感知之间的关系上,凌坤育分析了民宿游客体验差异的原因,发现受到人口统计学特征的影响,游客体验期望与感知存在明显差距[22];丁飞洋等研究了民族地区的民宿各个方面在游客感知中的重要性和满意度排名,发现民族文化体验更能提高游客满意度[23];桑祖南等利用IPA分析法,对比分析湖北恩施州旅游民宿游客感知维度和游客满意度之间的差异,发现游客在民宿住宿体验中最能感知到安全和性价比价值[24];罗雯婷等发现基于主客互动的多向维度探知民宿主客互动方式,研究发现信息互动最能被游客感知到,发现不同群体对民宿中主客之间各种互动方式感知程度不同,同一种互动模式带给不同的群体的体验存在着差异[25];焦彦、徐虹等人利用扎根理论分析游客在"商业的家"住宿过程中的体验规律,发现游客在住宿过程中会受到民宿经营主体生活方式的影响,从而对目的地文化产生构建主义真实性,当游客的疏离感得到消除后,才能感觉到存在主义真实性[26]。总体来看,国内对民宿的研究集中于探究民宿感知价值与游客满意度之间的关系。

2 研究设计与研究方法

2.1 研究对象的选取

本研究选取南京市江宁区13家代表性的民宿为研究对象,通过八爪鱼采集器对携程网上的民宿采集数据进行收集。首先,以南京市江宁区的民宿为研究对象,江宁位于南京市东南部,丰厚的历史文化底蕴和优越的自然环境使得江宁区旅游资源十分发达。依靠得天独厚的乡村旅游资源,江宁迈入"美丽乡村"的建设,打造了享誉全国的"五朵金花":世凹桃园、朱门人家、东山香樟园、石塘人家、汤山七坊。2013年又涌现出"杨柳村""大塘金""汤家家""黄龙岘"等新金花村,并完成谷里-横溪-江宁和汤山东西两个美丽乡村示范区的建设规划,在2019年,江宁区新增省市级特色田园乡村试点村(美丽乡村示范村)24个,"五朵金花"变"金花朵朵",江宁美丽乡村示范村覆盖率达到84%以上,成为南京市民一日游的首选景区。其次,携程网是目前国内最大的在线旅游运营商,作为第三方消费点评网站,其内容基于评价主体自发的客观评价,且日均访客量较大,具有较高的影响力和专业性。

具体而言,本文选取携程网中定位在银杏湖乐园-石塘竹海-濮塘风景区的乡村旅游目的地的13家评价较多的民宿,剔除雷同、重复以及无效评论的同时,考虑到游客意愿表达的完整性,最终收集到民宿住宿体验评论1 048条。对收集过来的评论数据还要经过如下处理:首先剔除与感知要素无关的表述,然后根据词性将评论数据进行分词处理,并针对分词结果,将相同或相似含义的词汇划入同一要素中;然后提取网络评论要素,并对高频词汇进行排序;最后利用Rost Content Mining软件对各要素进行词频、语义网络、情感分析,形成对游客感知民宿意向的相关意见。

2.2　研究方法

内容分析法是研究者为了弄清或者理解文献中一些隐性的内容,将文献内容进行解读,然后对明确特性的传播内容进行客观而系统的定量分析,将文字等非量化的信息量化为可描述的数据的一种研究方法。旅游研究者利用内容分析法研究民宿感知意向时,通常将定性与定量相结合,定量方法多采用直观的数据来描述信息,而定性方法则要求研究者深刻理解文本内容之后,经过严密的逻辑推理后来获得有用的信息。利用词频分析法对游客在乡村旅游民宿中的感知意向进行分析,便于量化和统计分析。

3　体验视角下的乡村民宿感知要素

3.1　出游类型分析

仔细阅读1 078条评论中对住宿主体进行描述的部分,剔除没有说明出游类型特征的评论后共计得到885条评论。基于评论主体自行填写的住宿主体特征,对885条评论的出游人群状况进行划分,可分为家庭亲子、朋友出游、情侣出游、商务出差、独自旅行、代人预订以及其他七种类型(图3.1),研究表明乡村民宿住宿主体类型多为家庭亲子关系,占比将近45%。对于青年父母而言,由于家长工作以及孩子学业课程的限制,远程出行的机会并不多,乡村旅游集教育功能与娱乐功能为一体,能让孩子在游玩中收获知识;对于中年父母而言,因为家中长辈身体原因,近郊旅游也成为他们的首选,所以乡村往往成为城市家庭享受亲子时光的重要场所。周末朋友结伴以及情侣结伴也较为常见,分别占比17%和16%,由于乡村旅游民宿位于城郊,商用住宿设备不够完善,对于商务客人而言便利性远不如城市中心,因此商务出差住宿比重较低。

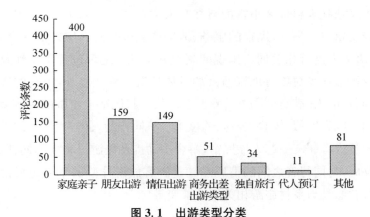

图3.1 出游类型分类

资料来源:依据携程网数据Rost分析得出

3.2 高频词分析

将收集的文本利用Rost Content Mining软件进行高频词的特征分析,选取前200个高频词,根据实际情况剔除语气词、描述性词语(也好、然后、实在、相当、感受、适合、高级)等,同时归纳总结意思相近的词语,最后得的高频特征及频次,建立高频词词表,初次了解游客对南京市江宁区乡村民宿旅游形象感知的状况。参考汪会玲、邱枫、董志观等人的研究成果,结合Rost词频分析结果,构建地理位置、设施、服务、活动、游玩时间、同行的人、满意度和重游意愿等8个主类目。删选修正后得出高频词汇表(表3.1)。其中八个主类目依次为设施34.54%、周边环境13.94%、服务13.63%、地理位置12.17%、满意度7.77%、活动6.89%、同行的人

6.24%、游玩时间3.31%和重游意愿1.49%。

从表3.1中可以看出对于乡村民宿类旅游产品,民宿所能提供的设施(34.54%)占比最多。民宿应首先满足游客住的各方面需求,同时与一般的酒店相比,又要有其独有的特色,在高频词类目表中,可以看出酒店的硬件设施,如停车场、餐厅、游泳池、房间等比较受到游客的关注,同时民宿的装修设计要充分结合当地人文景观、生态环境,让游客感受到个性化和特色化。另外,相较于一般的酒店,乡村地区新鲜的蔬菜瓜果可以给游客带来不一样的美食体验,游客可以通过亲自采摘、亲自制作而获得愉悦的体验,所以民宿的特色餐饮也是游客感知的重要组成部分;在地理位置方面,周围环境、民宿位置、交通状况、景区景点都被游客较多的提及。其次识别的要素为周边环境,乡村民宿与一般的酒店或是城市民宿不同,乡村地区的民宿主要是依托乡村地区丰富的自然和人文资源发展起来,因此周边的环境对游客而言异常重要。另外,民宿的服务、地理位置也是游客感知的一个重要方面,服务人员、服务态度等相关词语出现的频率并不低。地理位置主要涉及游客的交通状况以及民宿在乡村旅游地区所处的具体位置。除此之外,识别的要素还包括休闲活动、同行的人、满意度和重游意愿。前往乡村民宿地旅游的游客多选择的体验休闲活动一般为度假、体验、烧烤、钓鱼等。从同行的人中,我们可以发现游客主要选择和孩子或者朋友一起入住民宿,游客主动提及旅游过程中的同伴,可以在一定程度上反应,与同行者之间的情感互动是游客旅游体验的重要组成部分。而满意度和重游意愿是与乡村旅游相关的结果变量。

表 3.1 高频词类目

主类目	次类目	高频特征词				
设施(2894) 34.54%	硬件设施(1536)	房间(440)	酒店(289)	前台(118)	游泳池(88)	设施(89)
		别墅(57)	餐厅(54)	温泉(42)	院子(47)	停车场(41)
		农家乐(37)	农家(36)	空调(33)	住宿(31)	门口(30)
		卫生间(23)	厨房(22)	楼上(15)	楼下(15)	木屋(15)
		阳台(14)				
	酒店日用品(167)	齐全(39)	整洁(26)	洗澡(20)	洗漱(26)	用品(56)
	餐饮类(633)	早餐(241)	好吃(64)	味道(56)	餐厅(54)	有机(34)
		新鲜(29)	鸡蛋(23)	吃饭(23)	蔬菜(23)	晚餐(21)
		水果(20)	饭菜(15)	水饺(15)	咖啡(15)	

续表

主类目	次类目	高频特征词				
设施(2894) 34.54%	设计风格(270)	装修(61)	设计(43)	特色(37)	风格(32)	布置(31)
		细节(26)	可爱(25)	精致(15)		
	卫生(176)	干净(133)	卫生(43)			
	建议(44)	建议(26)	问题(18)			
	价格(68)	免费(40)	性价比(28)			
周边环境(1164) 13.94%		风景(540)	环境(340)	田园(56)	空气(53)	优美(43)
		清新(38)	景色(33)	漂亮(32)	新鲜(29)	
服务(1142) 13.63%	服务人员(456)	老板(133)	前台(118)	人员(60)	管家(44)	阿姨(33)
		服务员(18)	店家(17)	经理(15)		
	服务(368)	服务(233)	入住(112)	行李(23)		
	服务态度(318)	热情(157)	贴心(48)	态度(46)	周到(35)	用心(32)
地理位置(1019) 12.17%	位置(560)	地方(134)	周边(122)	周围(64)	南京(55)	位置(51)
		附近(43)	旁边(25)	好找(20)	去处(16)	江宁(15)
		对面(15)				
	交通状况(189)	停车场(41)	停车(36)	开车(27)	出行(25)	过去(16)
		交通(15)	出门(15)	公里(14)		
	景区景点(274)	银杏湖(70)	南京(55)	乡村(27)	小镇(22)	景区(20)
		石塘人家(18)	苏家(17)	黄龙岘(15)	江宁(15)	景点(15)
满意度(651) 7.77%		满意(84)	方便(85)	舒服(78)	安静(56)	舒适(46)
		开心(45)	放松(36)	温馨(34)	值得(31)	丰富(26)
		惬意(23)	完美(23)	惊喜(22)	期待(16)	美丽(16)
		丰盛(15)	愉快(15)			
活动(577) 6.89%		度假(69)	体验(68)	玩的(57)	娱乐(57)	烧烤(44)
		休闲(43)	出游(29)	钓鱼(26)	享受(21)	游玩(27)
		聚会(24)	享受(21)	拍照(20)	旅游(16)	手工(16)
		游泳(15)	喝茶(15)	项目(15)		
同行的人(523) 6.24%		孩子(271)	朋友(89)	家人(63)	亲子(46)	姐姐(35)
		大人(19)				

续表

主类目	次类目	高频特征词				
游玩时间 (277) 3.31%		晚上(111)	周末(50)	时间(32)	分钟(25)	夏天(23)
		白天(18)	冬天(18)			
重游意愿 (125) 1.49%		下次(125)				

注：%为该主类目词频占所有主类目词频的比例

资料来源：依据携程网数据 Rost 分析得出

3.3 情感分析

游客在住宿过程中拥有的情感体验有积极和消极之分，情感分析是指对文本中带有主观情感色彩的信息进行情感分析，识别出隐性的情感信息，最后进行归纳以及分类的过程。运用 Rost 内容挖掘系统对筛选后的 1048 条评论进行情感分析，可将情感特征划分为三大类，由于情感有强弱程度之分，故将积极情感和消极情感划分为一般、中度、高度三个层次。如表 3.2 所示，积极情感占比 81.58%、中性情感占比 7.89%、消极情感占比 10.53%。高度积极的情感所占比例达到了 39.47%，高度消极的情感比例为 0，一般消极的情感在整体消极情感中比重较大，表明从整体上来看，在民宿中的住宿体验还是比较不错的。游客的情感体验可以影响游客满意度和忠诚度，积极的情感通常会增加游客的满意度和忠诚度，但也需要注意其中的消极情感成分，如价格偏高、设施不完善、早餐种类少、位置偏是负面影响游客的重要因子。例如："刚上线的网红泡泡屋，我是第一个住的，周边环境五分，拍照五分，感觉五分，但有小问题，洗手间没有垃圾桶，不过后来前台小可爱拿来了，洗手间没有镜子，好不方便。还有这种屋子没有淋浴，但有浴缸，不过底下铺的那种毯子，下面是塑料膜，水一旦淋上就是个印子，这个挺麻烦的。下午房间特别热，晚上特别冷，其他都很好。"

表 3.2 情感分布

情感类别	比例	强度	比例
积极情感	81.58%	一般	28.95%
		中度	13.16%
		高度	39.47%

续表

情感类别	比例	强度	比例
中性情感	7.89%		
消极情感	10.53%	一般	7.89%
		中度	2.64%
		高度	0

资料来源：依据携程网数据 Rost 分析得出

3.4 高频词的长尾分布

利用长尾关键词法检索出与目标关键词相关的一些非目标关键词，使研究目标主体从长度以及深度上更加丰富。长尾关键词具有较长的延伸性，可以挖掘出不被重视的小众市场，这些小众市场累积起来却能使网站总流量增加许多。另外，根据长尾关键词检索出的非目标关键词具有较高的针对性，总是围绕目标关键词进行拓展与深化，故长尾关键词吸引网站产品客户的概率更高。

以高频词的排序和频数作为两个变量在软件中进行曲线拟合，发现其最符合幂指数分布（图3.2）。模拟方程判定系数 $R^2=0.984\,1$，说明拟合优度很高；方程检验统计量 $F=148.061$，$\text{Sig.}=0.000$；幂指数检验统计量 $t=18.562\,4$，$\text{Sig.}=0.000$，因此建立幂指数方程：$y=685.09x^{-0.713}$，可以推断出，乡村旅游民宿的高频词分布呈"长尾"分布特征。

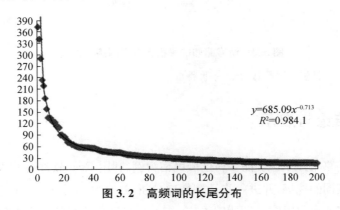

图 3.2 高频词的长尾分布

资料来源：依据携程网数据 Rost 分析得出

3.5 高频词语义网络分析

利用 Rost Content Mining 软件对选取的 1048 条评论进行分析，对提取的高频词进行语义网络和社会网络分析,结果如图3.3所示。高频词是游客话语体系中出现次数最高的一些中心词汇,是游客对民宿感知最深刻的印象。语义网络是一种可视化图形,如图3.3所示,呈发散状态,线条粗细代表出现频率的高低,线条越粗表明共现频数越高,游客感知中两概念的关联更加密切,"环境""早餐""房间""服务""酒店"等词汇位于核心位置,在整个网络结构中具有较高的核心极化效应,"热情""干净""地方"处于次核心位置。以"服务""热情""干净"为核心节点网络反映了游客感知中对民宿特色化服务的印象,以"房间""设施""酒店""环境"为核心节点则反映了游客感知对民宿住宿设施的关注。

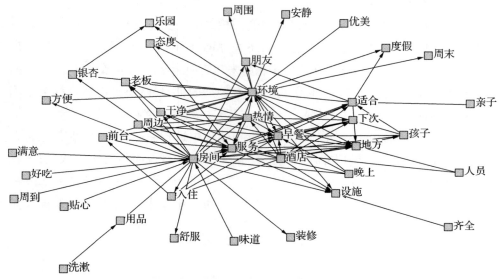

图3.3　游客感知的民宿高频词网络结构图

资料来源:依据携程网数据Rost分析得出

4　研究结论与启示

本文以南京市江宁区美丽乡村区域民宿为例,利用Rost软件对游客撰写的网络文本进行高频词的挖掘,并进一步运用情感分析、社会网络分析等,探究游客对乡村旅游地区民宿的形象感知,得出以下结论:(1)乡村民宿住宿的客人大部分是以家庭亲子为主,其次朋友结伴以及情侣结伴也比较常见。商务住宿以及独自留宿的情况比较少。城市周边乡村旅游地区的民宿,可以满足游客放松身心、亲近自然的需求,越来越多地吸引游客前往。(2)通过高频词分析,游客对民宿的感知多集中在设施、服务、地理位置这类因素中,它们是吸引游客选择目的地民宿的重要动机。(3)游客对乡村旅游民宿的情感态度整体上趋于良好,对民宿的整体印象评价较高。

研究结果的发现为目的地营销和管理提供了启示。首先,民宿管理人员应该充分重视游客在民宿入住过程中的体验感知。其次,民宿产品的开发要兼顾不同类型的人群,给不同人群提供个性化、特色化的服务。另外,管理者应注意强化那些更能使得游客获得满意的要素,增强游客的满意度即重游意愿。然而,基于赫茨伯格的双因素理论,高频词分析的设施、服务、位置等因素主要属于保健因素,保健因素的主要特征是:当不具备这类影响时将引起游客的强烈不满,但这类因素的存在却并不一定会调动游客的积极情感。从体验的层面来看,这些因素主要属于支撑性体验,对于游客获得沉浸式的高峰体验的意义并不大,这类研究结果的发现,主要是由于研究过于依赖软件的数据统计,比如,研究虽然识别出了占比较多的积极情感,但却无法进一步剖析这些情感的内涵,进而无法进一步去探索那些可以使得游客获得高峰体验的感知要素。另一方面,高频词分析表明,游客会主动提到同行过程中的同伴,但是却没有进一步去探究游客之间的这种互动机制。总体来看,研究缺乏对情感感知和社会互动感知的深层次解读,未来的研究可以选择使用扎根理论的方法探索性研究该类感知因素。

参考文献

[1] 朱月双.共享经济背景下乡村旅游民宿业的机遇与挑战[J].农业经济,2018(7):113-115.

[2] 邓念梅,詹丽,黄进.鄂西南民族地区民宿旅游发展现状、风险及对策探讨[J].资源开发与市场,2014,30(7):880-882.

[3] 张海洲,虞虎,徐雨晨,等.台湾地区民宿研究特点分析:兼论中国大陆民宿研究框架[J].旅游学刊,2019,34(1):95-111.

[4] 金川.上海乡村旅游业市场结构及优化配置研究[D].上海:华东师范大学,2019.

[5] 万蕙,唐雪琼.无羁的快乐,缺位的道德:对网络文本中傣族泼水节游客狂欢体验的内容分析[J].旅游学刊,2017,32(7):99-107.

[6] 黄杰,马继,谢霞,等.旅游者体验价值感知的维度判别与模型研究:基于新疆游客网络文本的内容分析[J].消费经济,2017,33(2):85-91.

[7] 陈钢华,李萌,相沂晓.你的目的地浪漫吗?:对游客感知视角下目的地浪漫属性的探索性研究[J].旅游学刊,2019,34(12):61-74.

[8] 邹超,邵秀英.基于UGC和问卷调查数据的古村落旅游形象感知研究:以碛口古镇为例[J].干旱区资源与环境,2020,34(12):195-200.

[9] 黄颖华,黄福才.旅游者感知价值模型、测度与实证研究[J].旅游学刊,2007,22(8):42-47.

[10] 马凌,保继刚.感知价值视角下的传统节庆旅游体验:以西双版纳傣族泼水节为例[J].地理研究,2012,31(2):269-278.

[11] 郭安禧,张一飞,郭英之,等.旅游者感知价值维度对重游意向的影响机制:基于团队旅游者的视角[J].世界地理研究,2019,28(1):197-207.

[12] 张安民,赵磊.感知价值对居民参与旅游风情小镇建设意愿的影响:以浙江莫干山旅游风情小镇为例[J].旅游学刊,2019,34(4):119-131.

[13] 王兵.从中外乡村旅游的现状对比看我国乡村旅游的未来[J].旅游学刊,1999,14(2):38-42,79.

[14] 杜江,向萍.关于乡村旅游可持续发展的思考[J].旅游学刊,1999,14(1):15-18.

[15] 何景明,李立华.关于"乡村旅游"概念的探讨[J].西南师范大学学报(人文社会科学版),2002,28(5):125-128.

[16] 胡绿俊,文军.乡村旅游者旅游动机研究[J].商业研究,2009(2):153-157.

[17] 高海霞,姚瑶.游客自我概念与乡村旅游动机关系研究[J].地域研究与开发,2018,37(2):104-110.

[18] 王蓉,黄朋涛,胡静,等.基于网络游记的婺源县乡村旅游体验研究[J].资源科学,2019,41(2):372-380.

[19] 谢新丽,吕群超."乡愁"记忆、场所认同与旅游满意:乡村旅游消费意愿影响因素[J].山西师范大学学报(自然科学版),2017,31(2):100-109.

[20] 旅游规划及研究 台州民宿发展状况与对策研究[M]//杨建武.浙江旅游年鉴.北京:中国统计出版社,2017:408-426.

[21] 章艺,吴健芬.LB/T 065—2019《旅游民宿基本要求与评价》[J].标准生活,2019(8):46-49.

[22] 凌坤育.厦门民宿体验感知研究[D].福州:福建师范大学,2017.

[23] 丁飞洋,郭庆海.游客感知视角下的民族地区民宿旅游开发研究[J].社会科学战线,2019(3):254-258.

[24] 桑祖南,冯淑霞,时朋飞,等.基于 IPA 理论的旅游民宿感知:重要性、满意度和差异:以湖北省恩施州为例[J].资源开发与市场,2018,34(7):992-997.

[25] 罗雯婷,李亚娟,谢双玉,等.旅游者对民宿中主客互动方式重要性的感知差异研究[J].华中师范大学学报(自然科学版),2020,54(6):1004-1014.

[26] 焦彦,徐虹,徐明.游客对商业性家庭企业的住宿体验:从建构主义真实性到存在主义真实性:以台湾民宿住客的优质体验为例[J].人文地理,2017,32(6):129-136.

[27] BOORSTIN D J. The image: a guide to pseudo-events in America[M].[S.l.]: Vintage Books,1964.

[28] MACCANNELL D. Staged authenticity: Arrangements of social space in tourist settings[J]. American Journal of Sociology,1973,79(3):589-603.

[29] HOLBROOK M B, HIRSCHMAN E C. The experiential aspects of consumption: Consumer fantasies, feelings and fun[J]. Journal of Consumer Research,1982,9(2):132-140.

[30] ZEITHEML V A. Consumer perceptions of price, quality, and value: A means-end model and synthesis of evidence[J]. Journal of Marketing,1988,52(3):2-22.

[31] KIM H, LEE S, UYSAL M, et al. Nature-based tourism: Motivation and subjective well-being[J]. Journal of Travel & Tourism Marketing,2015,32(sup1):S76-S96.

[32] PETRICK J F. Development of a multi-dimensional scale for measuring the perceived value of a service[J]. Journal of Leisure Research,2002,34(2):119-134.

[33] LEE C K, YOON Y S, LEE S K. Investigating the relationships among perceived value, satisfaction and recommendations: The case of the Korean DMZ[J]. Tourism Management,2007,28(1):204-214.

[34] SU L J, SWANSON S R, CHEN X H. The effects of perceived service quality on repurchase intentions and subjective well-being of Chinese tourists: The mediating role of relationship quality[J]. Tourism Management,2016(52):82-95.

[35] PREBENSEN N K, XIE J H. Efficacy of co-creation and mastering on per-

ceived value and satisfaction in tourists' consumption[J]. Tourism Management,2017(60):166－176.

[36] BRAMWELL B,LANE B. Rural Tourism and Sustainable Rural Development[C]// Proceedings of the Second International School in Rural Development,28 June-9 July, 1993. Galway:University College,1994.

[37] PARK D B,YOON Y S. Segmentation by motivation in rural tourism:A Korean case study[J]. Tourism Management,2009,30(1):99－108.

[38] RID W,EZEUDUJI I O,PRÖBSTL-HAIDER U. Segmentation by motivation for rural tourism activities in the Gambia[J]. Tourism Management,2014(40):102－116.

[39] LEWIS C,D'ALESSANDRO S. Understanding why:Push-factors that drive rural tourism amongst senior travellers[J]. Tourism Management Perspectives,2019,32:100574.

[40] STAMBOULIS Y,SKAYANNIS P. Innovation strategies and technology for experience-based tourism[J]. Tourism Management,2003,24(1):35－43.

[41] KASTENHOLZ E,CARNEIRO M J,PEIXEIRA MARQUES C,et al. Understanding and managing the rural tourism experience — The case of a historical village in Portugal[J]. Tourism Management Perspectives,2012(4):207－214.

[42] MORRISON A M,PEARCE P C,MOSCARDO G,et al. Specialist accommodation:Definition,markets served and roles in tourism development[J]. Journal of Travel Research,1996,35(1):18－26.

[43] KUNJURAMAN V,HUSSIN R. Challenges of community-based homestay programme in Sabah,Malaysia:Hopeful or hopeless? [J]. Tourism Management Perspectives,2017(21):1－9.

[44] RASOOLIMANESH S M,DAHALAN N,JAAFAR M. Tourists' perceived value and satisfaction in a community-based homestay in the Lenggong Valley World Heritage Site[J]. Journal of Hospitality and Tourism Management,2016(26):72－81.

[45] WANG S,HUNG K. Customer perceptions of critical success factors for guest houses[J]. International Journal of Hospitality Management,2015(48):92－101.

第四章 乡村旅游游客满意度

引言

旅游业对游客满意度水平表现出高度的关注,在当今的市场竞争格局中,被视为旅游目的地成功的关键。旅游作为最具活力的一个产业,为外部经济提供了获取收益的途径,不断增长的旅游需求刺激着景区管理者寻求吸引和巩固游客量的手段。同时,游客满意度同品牌价值联系在一起,被视作景区最重要的无形资产,成为旅游研究和管理中的焦点问题。

旅游市场的知名度、游客数量的增长和良好的口碑效应都离不开满意度水平的提高,同时也支持着景区的可持续发展,有利于形成景区的核心竞争力,保持规模化的客流量。一方面,游客满意度评价成为众多景区对外宣传的有效手段,另一方面,游客满意度水平是游客选择旅游景区、购买旅游产品和重游的关键,还可以应用于景区运营及旅游产品的营销,而研究游客满意度的最终目标是向游客提供高质量的服务和满意的旅游体验。

国务院除对旅游业的经济定位提出要求外,还强调把其培育成为大众更加满意的服务产业。幸福感是对生活质量的主观认知和评价,其测评是最重要的社会生活质量评价方法,比如享乐幸福是通过主观需求的满足,即短期满意度来实现的短暂快乐。游客满意度水平会通过生活满意度的中介作用,最终对国民幸福感产生影响。根据以往的研究,生活满意度与国民的身体健康、工作稳定、家庭或休闲的满意度有关,而游客满意度有助于提供个人生活满意度,生活满意度又是幸福感的核心概念之一,因此,旅游作为一项休闲活动是幸福感的重要影响因素,游客通过旅游获得的满意度有助于提高社会整体的幸福感。

在大众旅游的背景下，休闲生活成为人们日常生活的重要组成部分。乡村旅游是游客休闲活动的重要形式，以其原汁原味的农家风味、农事活动、农村景观和民俗风情吸引着城市居民前往体验。党的十八大以来，在全域旅游、乡村振兴、精准扶贫等背景下，乡村旅游成为"三农"工作的重要抓手，根据国家统计局统计，2019年全国休闲农业和乡村旅游接待游客约32亿人次，营业收入超过8500亿元，乡村旅游正蓬勃发展，因此研究乡村旅游的游客满意度是有必要的。

受顾客满意理论驱动，国内外学者也广泛将该理论应用在旅游研究领域。游客满意度的测量是借鉴顾客满意度的测量。较早的理论认为是通过游客期望和感知的比较结果决定游客满意度水平，另外，游客满意度与游客的期望、感知和忠诚度等的因果关系也都分别得到证实。游客满意度涉及旅游者行为和目的地服务管理相关的理论知识，是游客对目的地的旅游资源、生态环境、基础设施和秩序服务等方面能否满足其旅游行为需求的综合性心理评价指标。游客满意度研究的对象众多，如目的地、景区、酒店和旅行社等。研究对象不同，游客满意度的指标评价体系也大不相同。目前，游客满意度尚未有较为统一的测量指标体系，一定程度上是由研究对象、研究尺度的复杂多样性所导致，但影响因素研究又对提高游客满意度起着关键作用。因此，以南京市江宁区黄龙岘景区的游客调查问卷为样本，进行游客满意度评价及影响因素分析，特别是前因模块的研究，对拓展研究范围，完善乡村旅游游客满意度的指标评价体系具有重要的理论意义。

通过分析已有关于总体满意度评价及影响因素的研究，得出针对游客满意度的研究存在以同时段内的横截面数据为样本的问题。由于呈现动态变化性，后续游客满意度研究应进行时间序列的纵向研究，因此，本文选取南京市江宁区黄龙岘的游客为研究对象，根据游客在乡村旅游的实际需求构建了游客满意度的影响因素指标体系，以游客为调查对象，通过问卷调查，运用描述性统计分析得出样本的一般特性；对样本进行信度和探索性因子分析；人口学特征差异性分析使用单因素方差检验法；总体满意度与各维度、影响要素间的相关关系采用相关分析方法检验；总体满意度与各维度、影响因素的回归分析分别采取偏最小二乘法和多元逐步回归法。最后，在结果分析的基础上得出研究结论，同时探讨未来可能的研究方向。

1 游客满意度理论回顾

1.1 游客满意度评价研究

游客满意度是一种心理过程,通过比较期望和感知得出,最终表现为一种消费体验的结果,是对产品或服务的价值评估。国内外研究都阐明了游客对旅游目的地满意度评价的重要性,Pizam等[2]提出游客满意度表现为游客对目的地的期望与体验相互比较的结果。Beard等[3]强调游客满意度是根据游客期望和感知进行比较的结果来评价。Eagle等[4]将顾客对于产品是否满足或超出期望的主观评价作为满意度。Baker等[5]认为游客满意度是游客对目的地的旅游资源、配套设施、环境和秩序服务等方面满足其期望的综合心理评价。Yu[6]等从影响游客满意度的影响因素视角,分析了旅游地的游客满意度。Bentz等[7]分别基于期望差异和影响因素理论对游客满意度进行了评价,实证表明游客满意度在客源地上存在显著性差异。

国内学者万绪才等[8]从旅游景观、基础设施、旅游环境和社会服务等11个指标对游客满意度进行评价,并进行区域差异性分析,研究发现经济发达地区和经济欠发达地区的游客满意度差异明显。符全胜[9]将景区为游客提供的产品和服务是否能满足其期望需求的综合评价称为游客满意度。南剑飞等[10]通过灰色系统模型计算景区游客满意度。李万莲等[11]采用安徽三大旅游板块的游客数据,探讨游客满意度的区域性差异。陈旭[12]以山地旅游景区为例,运用IPA对旅游度假的游客满意度进行评价。李在军等[13]将熵值法与层次分析法应用于指标体系权重的确定,依据模糊综合评价法对秦淮风光带游客满意度进行分析。郭付友等[14]建立熵权层次评价模型对山水实景旅游项目的游客满意度进行测量,并对游客满意度(不同年龄、学历、收入水平等)进行了差异性分析。

1.2 乡村旅游游客满意度相关研究

Kastenholz等人[15]在研究乡村旅游体验的维度对觉醒、记忆和满意度的影响时验证了乡村旅游体验量表并发现:乡村旅游体验的教育性和审美性维度对乡村旅游者的觉醒有正向的预测作用;逃避主义和审美观决定了乡村旅游者的觉醒记忆;觉醒和记忆则对满意度具有正向影响。尹燕和周应恒[16]在进行不同旅游地乡村旅游者体验满意度实证研究时以苏南地区为研究对象通过建立Logit模型以及对问卷结果进行分析发现参与旅游的方式、特色旅游项目、住宿选择、整体环境、性价比等因素对乡村旅游者体验满意度的影响显著,并在不同旅游地中存在影响程度的显著差异。粟路军等人[17]在研究城市居民乡村旅游满意度的实证研究时以长沙为例将旅游满意度分为"硬件"与"软件"两个维度。硬件满意度包括餐饮、交通、住宿、购物、娱乐、景点六个分满意度;软件满意度则仅包括服务质量满意度一个满意度。文章通过构建乡村旅游满意度系统模型以及分发问卷的方式发现:住宿满意度与餐饮满意度较高,而娱乐满意度与购物满意度较低;各分满意度均与总体满意度高度正相关;景点质量满意度对乡村旅游总体满意贡献最大,而交通满意度贡献最小;满意度在不同人口特征城市居民中具有差异性。周杨等人[18]在进行我国乡村旅游中的游客满意度评估及影响因素分析时将乡村旅游分为乡村旅游环境、乡村旅游支持系统、乡村旅游吸引物、乡村旅游服务、投诉便利性五个构成要素,文章利用回归模型以及实地调研发放问卷等方法发现:乡村旅游中的游客总体满意度较高,但乡村旅游各构成要素的满意度评价差距明显,乡村旅游的五个构成要素中,乡村旅游环境的满意度最高,其次为乡村旅游支持系统,乡村旅游吸引物的满意度评价适中,乡村旅游服务及投诉便利性的满意度评估较差;乡村旅游的游客群多为城镇人、中产者,其乡村旅游行为多为重复博弈行为,乡村旅游中游客重游意愿的强弱与乡村旅游满意度之间存在明显的相关关系;个人特征层面的性别、受教育程度,旅游行为层面的游客出游方式、游客年出游次数,目的地总体评价层面的乡村旅游环境、乡村旅游支持系统等因素,显著影响乡村旅游中的游客满意度评价。

1.3　游客满意度影响因素研究

游客满意度作为一个研究领域,有诸多研究集中于这个概念,Cardozo[1]认为顾客满意的直接原因是期望差异。又有研究发现,感知绩效与期望差异对顾客满意度的直接影响同样重要,甚至感知绩效的影响高于期望差异对顾客满意度的影响。有学者研究表明,由于期望存在被动性,不一定会产生差异,期望会逐渐从满意度测量体系中删除,顾客满意度的重要决定因素是感知绩效,且有研究发现游客对特定服务的评价不一定取决于期望差异,而仅取决于旅行的感知体验。有关国内外的游客满意度测量变量体系如表 4.1 所示,从表中可以看出,不管是对于单一目的地或景区,还是对于多目的或多景区,基于单纯感知绩效或影响因素对游客满意度进行研究已有一定的理论和实际应用基础。

国外学者 Pizam 等[2]在研究 Cape Cod 的海滨目的地游客满意度的影响因素

构成时,提取出资源、旅游机会、成本、友好度、配套设施、生态环境、商业化程度7个满意度因子维度。Dorfman[19]在通过野营活动的研究,发现游客满意度主要受行为意图、环境因素(天气等)、拥挤度和参与能力的影响。Cronin 和 Taylor[20]探讨游客总体满意度时,发现单纯感知模型的研究结论要比期望差异模型更合理。Llosa[21]发现感知绩效实际上已经是游客将期望与感知进行比较以后的心理评价结果,因此,直接分析总体满意度的影响因素更合适。Hui[22]对比单纯感知模型与期望差异模型发现,期望差异模型的影响系数都远小于感知模型,同时还验证了感知模型比期望差异模型更适合游客满意度的评价分析。Bazneshin[23]等通过游客对旅游目的地的自然资源、旅游设施、环境清洁度、可到达性和气候的评价来研究游客满意度。Bentz[7]选取旅游地的琼鲸数量、旅行成本、门票价格、环境因素、导游服务、安全性等作为游客满意度的测量指标,发现影响游客满意度的最主要因素是环境因素,对游客满意度的影响最小是旅行成本。Jensen 等人[24]在研究挪威北部管理旅游景点的游客满意度时将现场因素分为展示平台和支持服务因素,他们通过在四大景点分发问卷发现游客对展示平台和支持服务的看法因旅游景点和旅游类型而显著不同;此外,科技及口头/传统的展示平台对四个网站的访客满意度也有不同的影响。Albayrak 等人[25]在研究用两种竞争的方法考察旅游者的旅游动机与满意度之间的关系时编制了3份问卷,在对问卷结果进行分析时发现:假设动机和总体满意度之间有直接关系的经典模型的结果表明,如果动机在体验之前被测量,动机并不是总体满意度的重要决定因素;在绩效模型中,引入后经验激励评价作为整体满意度的决定因素,发现动机是总体满意度的重要决定因素;绩效模型在解释总体满意度方面优于经典模型。

国内学者万绪才等[8]以中山陵为例,选取旅游景观、环境氛围、交通、住宿、通讯、餐饮、购物、安全、设施与服务作为游客对目的地满意度评价的影响因素。董观志、杨凤影[26]构建了由资源、住宿、餐饮、交通、形象、设施、管理等因素构成游客满意度评价项目层。彭文英等[27]基于对3个北京市的重点景区的游客问卷,利用结构方程模型探讨游客满意度与感知价值的关系,将满意度分为游客预测、感知质量和景区形象三个维度。李瑛[28]以西安国内市场为例,构建目的地游客满意度评价指标体系,包括旅游资源、环境氛围、餐饮、旅游商品、住宿、娱乐、交通和服务管理。史春云等[29]以九寨沟和庐山为例,研究结论表明众多因素都对游客总体满意度产生了不同程度的影响。李万莲等[11]运用多元逐步回归对西递宏村游客总体满意度与服务质量要素进行分析。李龙梅等[30]以兵马俑景区为例,选取大众点评、新浪旅游和旅评三大网站中3年的游客网络点评内容,确定了由交通、环境、服务、文化、安全等因素构成的游客满意度指标体系。亓玲玲[31]通过选取消费情况、环境、员工服务、支持系统及资源5个方面指标来评价景区游客满意度。李在军等[13]选取旅游交通、旅游消费、旅游环境和旅游服务作为景区游客满意度的影响因素。何琼峰[32]利用扎根理论对大众点评网游客评论数据进行编码分析,发现核心吸引物和配套服务的体验是文化遗产景区满意度构成中最核心的两项影响因素。韩春鲜[33]选取无锡灵山景区作为研究对象,提出满意度包括对旅游地总体产品和服务两方面的评价。王钦安等[34]以琅琊山景区为例,得出资源环境、设施条件和管理服务三个维度14项因子的景区满意度评价指标体系。马天等人[35]在研究游客满意度测量时运用深度访谈和参与观察的方法发现:对游客满意度的测量理应测量对体验的满意度,测量旅游者的情感体验,而不只是对产品物理属性和服务质量的测量;将使用移动技术获得的实时情感数据与访谈相结合,有助于旅游目的地或企业了解旅游者在自然情境中的情感体验和满意度,进而有效地设计、管理体验,保持竞争力,实现经济效益。董楠和张春晖[36]在进行全域旅游背景下免费型森林公园游客满意度研究时将游客满意度属性维度设置为8个维度:旅游吸引物、自然环境、基础设施、旅游设施、服务质量、旅游价格、安全和旅游信息与通信,在运用问卷进行调查后发现:森林公园游客总体满意度水平位于"一般"等级,8项属性维度中满意度水平最高的是"自然环境",最低的是"旅游信息与通信";景区网站旅游信息完善、景区无线网络(WiFi)完备、景区手机通信良好、住宿价格、餐饮价格、购物价格、文化遗存价值高、珍稀动植物多样、住宿设施、餐饮设施以及服务人员对待游客友好而礼貌共11个测项位于高重要度-低满意度区域,亟须改进。国内外相关的游客满意度测量变量体系见表4.1所示。

表4.1 国内外相关的游客满意度测量变量体系

应用尺度	总体满意度测量项目	文献
目的地	资源、旅游机会、成本、友好度、配套设施、生态环境、商业化程度	Pizam[2]
单一活动	个人目的、环境条件、拥挤度、期望参与活动能力	Dorfman[19]
目的地	住宿、交通、设施与活动、航空服务、生态环境、语言交流接待服务	Kozak[37]
目的地	自然资源、旅游设施、环境清洁度、可到达性和气候	Bazneshin[23]
目的地	旅游资源、旅行成本、门票价格、环境因素、导游服务、安全性	Bentz[7]

续表

应用尺度	总体满意度测量项目	文献
单一景区	旅游景观、环境氛围、交通、住宿、通信、娱乐、餐饮、购物、旅游安全、便利设施、管理与服务	万绪才等[8]
多个景区	感知质量、游客预测、景区形象	彭文英等[27]
目的地	旅游资源、环境氛围、餐饮、旅游商品、住宿、娱乐、交通、服务管理	李瑛[28]
单一景区	文化、交通、环境、服务、价格、声誉和安全因素	李龙梅等[30]
多目的地	旅游形象、社区态度、交通、餐饮、住宿、景点、购物、娱乐设施、旅行社、在线预订、公共服务	"游客满意度指数"课题组[38]
单一景区	旅游交通、旅游消费、旅游环境、旅游服务、旅游支持系统	李在军等[13]
多个景区	出游期望、出游方式、核心吸引物体验、配套服务体验、游后评价	何琼峰[32]
多个景区	旅游设施、旅游环境、旅游形象、旅游吸引力、旅游服务	王明康[39]
单一景区	景区总体产品、景区服务	韩春鲜[33]
单一景区	资源与环境、设施与条件、管理与服务	王钦安等[34]

资料来源：依据文献整理得出

1.4 研究述评

现有文献多数是从期望差异和影响因素这两个视角研究游客满意度，前者将游客满意度视为游客对目的地的期望与感知绩效相互比较的结果，是从服务质量模型 SERVQUAL 等变形转换过来，为游客体验提供可测量的研究范式和逻辑框架；后者认为游客满意度是游客对目的地的旅游资源、环境、设施和服务等方面满足其需求程度的综合心理评价，而已有文献表明单纯感知模型要比期望差异模型更适合测量游客满意度。在上述基础上，本文从研究对象、研究内容和研究方法三个方面对游客满意度评价及影响因素的研究进行述评。

从研究对象上看，国内外学者对不同类型的目的地、景区的游客满意度评价及影响因素进行了细致的研究，还有一些学者以酒店、旅行社等为对象进行探讨，其中，景区最受研究者的关注。但目前为止，还没有专门针对高等级景区游客满意度的研究，且景区研究存在以个别景区的问卷数据或多个景区同时段内的截面问卷数据为样本的问题。因游客满意度呈现动态变化性，后续满意度的研究应依托大样本调查，聚焦于多个景区，进行时间序列的纵向研究，增强说服力。本文选取南京市高等级景区(18个)为研究对象,研究数据来源于在三个不同时间段的实地调研。

从研究内容上看,游客满意度的差异性研究主要体现在人口统计学特征差异(年龄、学历、收入水平、客源地等)、区域特征差异(地理位置、经济发达程度等)方面,关于景区等级的差异性研究尚欠缺;游客满意度的影响因素研究主要针对单一景区或同一类型景区,不同景区等级景区的对比研究还较少。因此,除了分析游客满意度在人口学特征(性别、年龄、职业、学历、客源地)上的差异性,本文还将对季节(春、夏、秋)的差异性进行研究,且基于大样本的问卷调查进行研究。由于研究对象的多样性和复杂性使不同旅游地的游客满意度测量体系呈现多样化,未来游客满意度研究还需进行大量实例验证,应在拓宽研究对象的基础上,进一步丰富测量指标体系,加强对不同等级、不同类型景区游客满意度形成机理和行为结果的对比分析。本文借鉴已有研究,根据乡村旅游的实际情况,筛选出具有代表性的影响因素构成测评体系,对游客满意度进行深入研究。

从研究方法上看,有关游客满意度的影响因素研究多采用定量的方法,主要有结构方程模型、模糊综合评价法、回归分析法、灰色关联分析法和IPA分析法,另外,部分研究采用了定性的方法,如扎根理论等。可见定量分析是游客满意度研究的主要方法,但同时采用多种定量方法进行研究的文献还较少。

在乡村旅游游客满意度的研究中,部分学者是从体验的维度研究影响游客满意度的,在体验维度上影响乡村旅游游客满意度的要素包括觉醒、记忆、参与旅游的方式、特色旅游项目、住宿选择、整体环境、性价比等。而另一部分学者则是从整体上研究影响乡村旅游游客满意度的要素,这些学者对各要素的概括相对而言更加全面,将餐饮、交通、住宿、购物、娱乐、景点以及服务全部囊括在内。从研究对象上看,部分学者研究对象的规模十分庞大,有些是选择大市(例如长沙)进行研究,而有些甚至是选择整个苏南地区进行研究。但直至今日对乡村旅游游客满意度的文献还十分稀缺、其研究也不够成熟,未形成统一的乡村旅游游客满意度的评价指标体系。因此,结合研究需要,本文选择从游客满意度入手,通过阅读大量经典文献并进行精炼提纯,从而形成本文的评价指标体系,并采用偏最小二乘法和多元逐步回归法分析游客总体满意度与各维度、影响因素之间的具体关系。

1.5 理论模型与假设

准确选取总体满意度的测量变量是研究设计的重要环节,直接关系到研究结论的质量。本文主要借鉴已有游客满意度的测量变量,结合游客在景区的实际需求,根据国家旅游局有关景区游客满意度评价体系的要求以及黄龙岘景区的实际情况,构建游客满意度评价及影响因素模型,如图4.1所示,其中,总体满意度是游客对景区的总体满意度;影响因素是指游客通过游览获得的心理感知变量,共15项测量变量;5个维度分别为内外交通维度、景区游览维度、卫生条件维度、餐饮与购物维度、秩序与服务维度。

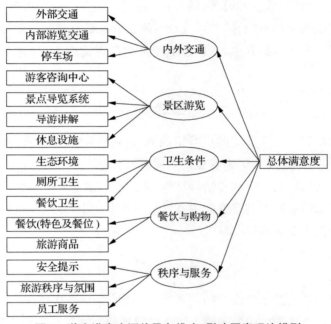

图1　游客满意度评价及各维度、影响因素理论模型

资料来源:笔者依据文献和景区情况整理得出

内外交通

交通是发展景区必不可少的基础配套基础,种类齐全、安全高速和便捷实惠的交通设施是良好旅游服务体必备条件,而景区的内外交通是发展旅游景区的命脉,其发展状况对景区的持续发展具有重要影响。外部交通指旅游区域内的交通布局,内部交通指旅游景区内联系各景点的交通,停车场也组成景区交通的一部分。因此,内外交通对游客旅游需求显得尤为重要,通过参考相关研究成果,选取外部交通、内部交通和停车场作为内外交通的测量指标。

景区游览

景区游览是指景区在游客游览时提供的服务及所依赖的各项设施,协助游客在景区中完成完美的旅游体验,增加对旅游景区的好感。咨询中心是指为游客免费提供咨询、休息等服务功能的专门场所;导览系统是指引游客游玩的方向(全景图、导览图、路径指示、景点解说等)的各种信息和标志;导游的讲解是指导游在游客游览途中所做的介绍和问答解答等活动;休息设施是给游客提供休息的地方,应具备舒适等属性。在本研究中,景区游览维度包括咨询中心、导览系统、导游讲解和休息设施。

卫生条件

卫生条件是旅游景区环境的重要组成成分,可以使游客在旅游环境中停留的时间更长,它的清洁程度直接影响旅游者对环境的感受。卫生条件的好坏会影响到游客旅游活动的顺利开展和心情,最终对重游率与推荐率产生影响,而对一个品牌的忠诚度或承诺被视为满意度的主要后果。在本文中,该维度包括生态环境、厕所卫生和餐饮卫生3项测量变量。

餐饮与购物

餐饮与购物是旅游经营收入的重要来源,满足旅游者多层次、多样化的需求,是发展景区购物必须考虑到的问题。特色餐饮和旅游商品都是构成景区旅游资源的组成部分,餐饮和旅游商品的风格特色和服务水平在一定程度上反映了景区经营的质量水平,对传播目的地形象具有重要的意义。参考已有研究成果后,选取餐饮质量、旅游商品作为该维度的测量指标。

秩序与服务

本文中的秩序与服务指景区里的秩序与氛围、安全提示和员工服务,即向游客提供各种服务的总和,营造井然有序的游览秩序,创造轻松和谐的氛围,满足游客游览和消费的需要。景区应给游客与众不同的旅游体验,留下美好的记忆。优良的服务是游客获得满意体验的重要条件,一个景区的服务质量可以体现经营管理水平和员工素质的高低,这已成为评价景区经营管理水平的重要指标。

基于以上分析,提出如下假设:

H1：内外交通对总体满意度有显著的正向影响

　　H1a：外部交通对总体满意度有显著的正向影响；

　　H1b：内部交通对总体满意度有显著的正向影响；

　　H1c：停车场对总体满意度有显著的正向影响。

H2：景区游览对总体满意度有显著的正向影响

　　H2a：咨询中心对总体满意度有显著的正向影响；

　　H2b：导览系统对总体满意度有显著的正向影响；

　　H2c：导游讲解对总体满意度有显著的正向影响；

　　H2d：休息设施对总体满意度有显著的正向影响。

H3：卫生条件对总体满意度有显著的正向影响

　　H3a：生态环境对总体满意度有显著的正向影响；

　　H3b：厕所卫生对总体满意度有显著的正向影响；

　　H3c：餐饮卫生对总体满意度有显著的正向影响。

H4：餐饮与购物对总体满意度有显著的正向影响

　　H4a：餐饮质量对总体满意度有显著的正向影响；

　　H4b：旅游商品对总体满意度有显著的正向影响。

H5：秩序与服务对总体满意度有显著的正向影响

　　H5a：安全提示对总体满意度有显著的正向影响；

　　H5b：旅游秩序对总体满意度有显著的正向影响；

　　H5c：员工服务对总体满意度有显著的正向影响。

2　研究设计与研究方法

2.1　研究方法

本文通过查阅有关消费者心理学、旅游者行为和游客满意度的相关书籍、CNKI 数据库、Elsevier Science Direct 数据库、行业报告以及专业网站等方式搜集到大量的文献资料，对其进行归纳，深入分析游客满意度评价及影响因素研究领域的研究理论、方法和内容，形成研究思路，构建适用于乡村旅游目的地游客满意度指标评价体系。通过问卷调查法获得有关游客对旅游景区的总体满意度及各影响因素评价的数据资料。以游客为调查对象，调查地点是南京市江宁区黄龙岘，选择三个不同的时间段（第二、第三、第四季度），通过在主景点和休息处等核心区域进行便利抽样,对游客进行现场问卷调查来收集研究数据。

本文借助 SPSS 21.0 和 SIMCA-P 11.5 软件对问卷进行数据编码并录入,并对数据进行统计分析,主要分析方法如下:总体满意度及影响因素水平评价采用均值法,人口学特征测量指标统计选择率;进行信度和探索性因子分析(效度分析);人口学特征差异性分析使用单因素方差检验法;总体满意度与各维度、影响因素间的相关分析运用 Pearson 相关系数法;总体满意度与各维度的回归分析采取偏最小二乘法,总体满意度与各影响因素的回归分析采取多元逐步回归法。

2.2 问卷设计

问卷分为两大部分,即游客对旅游景区的满意度评价和游客人口学特征。第一部分为问卷的主体,考虑到问卷设计的科学性,在已有游客满意度测量指标体系的基础上,根据国家旅游局有关景区游客满意度评价测量变量以及南京市旅游景区的实际情况设计了南京市江宁区黄龙岘景区游客满意度调查表,包含总体满意度、各维度及影响因素三大项内容(表 4.2),5 个维度分别为内外交通、景区游览、卫生条件、餐饮与购物、秩序与服务,影响因素指外部交通、内部交通、停车场、咨询中心、导览系统等 15 项测量变量。采取李克特 5 分制量表,设置从"非常满意"到"非常不满意"5 个等级,分别进行 5 至 1 的赋值。第二部分为受调查者的人口学特征,包括性别、年龄、学历和职业。

表 4.2 问卷的基本内容

测量维度	测量变量	李克特量表
内外交通	总体满意度	5　　4　　3　　2　　1 非常满意　　　　　　　非常不满意
	外部交通	
	内部交通	5　　4　　3　　2　　1 非常满意　　　　　　　非常不满意
	停车场	
景区游览	咨询中心	
	导览系统	5　　4　　3　　2　　1 非常满意　　　　　　　非常不满意
	导游讲解	
	休息设施	

续表

测量维度	测量变量	李克特量表
卫生条件	生态环境	5　　4　　3　　2　　1 非常满意　　　　　　非常不满意
	厕所卫生	
	餐饮卫生	
餐饮与购物	餐饮特色	5　　4　　3　　2　　1 非常满意　　　　　　非常不满意
	旅游商品	
秩序与服务	安全提示	5　　4　　3　　2　　1 非常满意　　　　　　非常不满意
	旅游秩序	
	员工服务	

资料来源：笔者依据文献和景区情况整理得出

2.3 数据收集

本文的研究数据来自该项目的前期调研工作中，因现场调研更能准确地反映游客消费产品和服务的心理，项目组成员采用现场调查法，以游客为调查对象，调查地点是南京市江宁区黄龙岘景区。课题组成员均经过专门训练，能够熟知问卷内容与填写规则，以确保收集正确有效的资料。考虑到季节性影响，调查问卷分三次进行发放，调查时间分别为 4 月 25 日至 5 月 3 日、7 月 14 日至 8 月 22 日、10 月 1 日至 10 月 7 日，本研究所选三个时间段内客流量较大，有利于收集到足够有效的样本。课题组通过便利抽样（主入口、核心景点、主要公共活动空间），共发放问卷 7 200 份，回收 7 186 份，有效问卷 5 311 份，有效问卷率为 73.9%，调查效果较好。运用 SPSS 21.0 对有效问卷进行编码并录入，排除可能出现的异常值（1 项因变量和 15 项自变量），运用连续平均值替代原始样本中各测量变量的缺失数据（不包括分类变量），建立本文的数据库。

3 乡村旅游游客满意度实证分析

3.1 调查样本情况

3.1.1 样本的基本情况

人口学特征是指游客的个体特征和社会属性，游客的主要人口统计学指标的分布特征如表 4.3 所示。被调查者中，男性游客占比 52.8%，女性游客比重为

47.2%;从年龄结构看,23～30岁年龄段的游客比重最大,占35.0%,51～60岁、61岁以上年龄段的游客均较少,分别占4.1%、2.0%;从学历来看,本科学历所占比重最大,为46.8%,其次是大专学历,比例为24.3%;从职业来分析,学生占比29.6%,其次是公司职员占比23.9%。调查样本人口学特征结构较为合理,说明本文样本抽取的科学性较强,样本的人口学特征结构较为合理。

表4.3 样本的人口学特征

属 性	特 征	百分比/%
性 别	男	52.8
	女	47.2
年 龄	22岁以下	23.2
	23～30岁	35.0
	31～40岁	25.5
	41～50岁	10.2
	51～60岁	4.1
	61岁以上	2.0
学 历	小学	2.5
	中学中专	15.2
	大专	24.3
	本科	46.8
	研究生	11.1
职 业	学生	29.6
	公司职员	23.9
	其他	14.6
	公司管理人员	10.4
	工人	6.7
	教师	6.6
	公务员	4.9
	退休人员	2.6
	军人	0.8

资料来源:依据问卷人口学数据整理得出

3.1.2 信度检验

信度分析是衡量问卷内容反映游客满意度的可靠程度以及调查方式的稳定性、一致性。一般情况下,满足 Cronbach's α 系数值大于 0.8,即认为测量变量具有高度的可靠性,克隆巴赫系数大于 0.7,即认为测量变量的可靠性较高。本次问卷分析的结果显示,量表整体的 Cronbach's α 系数为 0.918,说明整体测量变量的一致性程度较强,各个维度分量表的克隆巴赫系数也均在 0.7 以上(表 4.4),从而各测量维度均具有较强的一致性和较高的可靠性,反映了量表具有良好而稳定的信度。

3.1.3 效度检验

效度检验的内容效度检测量表内容切合主题的程度。本文调查问卷的设计是根据国家旅游局有关景区游客满意度评价指标体系以及南京市旅游景区的实际情况,因此具有较高的内容效度。结构效度则是指量表是否能反映被测量的结构概念,采用探索性因子分析法(EFA)验证量表结构的合理性。适用性检验的结果显示,KMO 值为 0.916,当自由度为 105 时在 0.001 的检验水平上显著,说明适合进行因子分析。然后采用主成分分析法并进行方差最大正交旋转,固定因子个数为 5,抽取维度,累计方差贡献率达到 68.579%,能够较好地反映原来 15 项测量变量中的信息,从定量角度验证了游客满意度评价体系的合理性。根据因子载荷量不能小于 0.5 或者同时两个或以上因子的交叉载荷量不能大于 0.5 的规则,对 15 项测量指标进行探索性因子分析,剔除 1 项不能满足条件的测量变量(餐饮卫生),如表 4.4 所示。对 14 个测量指标再次进行探索性因子分析,各测量指标的因子载荷在 0.617~0.854 之间,提取内外交通、景区游览、休息与卫生、餐饮与购物、秩序与服务 5 个因子维度,如表 4.5 所示。

表 4.4　量表的结构效度

测量维度	测量变量	结构效度(EFA 的因子结构)				
		1	2	3	4	5
内外交通	外部交通	0.765				
	内部交通	0.715				
	停车场	0.717				

续表

测量维度	测量变量	结构效度(EFA的因子结构)				
		1	2	3	4	5
景区游览	咨询中心		0.714			
	导览系统		0.716			
	导游讲解		0.755			
	休息设施			0.555		
卫生条件	生态环境			0.789		
	厕所卫生			0.805		
	餐饮卫生			0.536	0.627	
餐饮与购物	餐饮特色				0.852	
	旅游商品				0.714	
秩序与服务	安全提示					0.734
	旅游秩序					0.774
	员工服务					0.665

资料来源:依据问卷数据EFA结果整理得出

表4.5 修正量表的结构效度与信度分析

测量维度	测量变量	结构效度(EFA的因子结构)					克隆巴赫系数
		1	2	3	4	5	
内外交通	外部交通	0.765					0.722
	内部交通	0.716					
	停车场	0.719					
景区游览	咨询中心		0.719				0.791
	导览系统		0.716				
	导游讲解		0.751				
休息与卫生	休息设施			0.617			0.765
	生态环境			0.802			
	厕所卫生			0.814			

续表

测量维度	测量变量	结构效度(EFA的因子结构)					克隆巴赫系数
		1	2	3	4	5	
餐饮与购物	餐饮特色				0.834		0.740
	旅游商品			0.776			
秩序与服务	安全提示					0.731	0.778
	旅游秩序					0.785	
	员工服务					0.675	

资料来源:依据问卷数据 EFA 结果整理得出

3.2 研究结果与分析

3.2.1 游客满意度评价分析

通过因子载荷确定影响因素的权重,再对其进行有权重的均值处理,转为内外交通维度、景区游览维度、休息与卫生维度、餐饮与购物维度、秩序与服务5个维度,生成一个新的信息无损量表。游客满意度的评价结果如表4.6,所示各维度中,秩序与服务、休息与卫生的满意度水平都较高($M_C=4.09$、$M_C=4.01$),其次,内外交通和景区游览的满意度均值($M_C=3.98$、$M_C=3.94$),餐饮与购物的满意度水平较低($M_C=3.57$)。各影响因素中,休息设施的满意度水平最高($M_C=4.28$);其次是旅游秩序的满意度水平($M_C=4.21$);再次是员工服务、外部交通、导览系统和内部交通的满意度水平也较高,均值都超过4.00;咨询中心、生态环境和安全提示的均值都接近4.00;厕所卫生、停车场和导游讲解的满意度水平较低,均值都在3.80左右,餐饮特色和旅游商品的评价最低,均值分别为3.67和3.46。可以看出,游客对黄龙岘景区的总体满意度及影响因素的评价水平普遍较高,其中,停车场、厕所卫生、导游讲解、餐饮特色和旅游商品的满意度水平有待提高。

表4.6 游客满意度及影响因素的描述性统计结果

评价维度	维度均值	评价指标	均值	指标权重
内外交通	3.98	外部交通	4.07	0.348
		内部交通	4.03	0.325
		停车场	3.84	0.327

续表

评价维度	维度均值	评价指标	均值	指标权重
景区游览	3.94	咨询中心	3.96	0.329
		导览系统	4.07	0.328
		导游讲解	3.79	0.344
休息与卫生	4.01	休息设施	4.28	0.271
		生态环境	3.99	0.362
		厕所卫生	3.82	0.367
餐饮与购物	3.57	餐饮特色	3.67	0.523
		旅游商品	3.46	0.477
秩序与服务	4.09	安全提示	3.89	0.334
		旅游秩序	4.21	0.358
		员工服务	4.19	0.308

资料来源：依据问卷数据得出

3.2.2 游客满意度的人口学和季节特征差异性分析

为了解游客对景区满意度的评价在人口学特征方面是否存在差异性，采用单因素方差法（One-Way ANOVA）进行检验分析，结果如表4.7和表4.8所示。可以看出，总体满意度及其影响因素的评价在人口学和季节特征方面所表现出的差异性不尽相同。总体满意度在性别方面的差异性较为明显（在0.05水平显著），而在职业、性别、年龄和学历方面的差异性均不显著；满意度的影响要素中，外部交通在学历方面表现出显著的差异性（在0.01水平显著），在年龄方面的差异性也较为明显（显著水平为0.05），在其他方面的差异性不明显；内部交通只在职业方面表现出差异性（显著水平为0.05）；停车场在年龄和职业方面表现出显著的差异性（在0.01水平显著），在学历方面的差异性也较明显（在0.05水平显著）；咨询中心在年龄、职业和学历方面表现出明显的差异性（显著水平为0.01）；导览系统、导游讲解在年龄、学历和职业方面表现出显著的差异性（显著水平为0.01）；休息设施在年龄、职业两个方面的差异性表现显著的显著性（在0.01水平显著），在其他方面的差异性不明显；生态环境在性别和年龄方面的差异性在0.01水平显著，在职业方面的差异性也较明显（显著水平为0.05）；厕所卫生在性别、年龄和职业方面表现出显著的差异性（在0.01水平显著），在学历方面也表现出较为显著的差异性（显著水平为0.05）；餐饮特色在年龄、学历和职业方面显示出明显的差异性，显著水平为 0.01；旅游商品在年龄、学历和职业方面的差异性较为明显（显著水平为 0.05）；安全提示在年龄、学历和职业方面的差异性显著（在 0.01 水平显著）；旅游秩序在年龄和职业方面表现出显著的差异性（在 0.01 水平显著），在其他方面的差异性不明显；员工服务在年龄和职业方面表现出显著的差异性（显著水平为 0.01），在性别方面的差异性也较为明显（显著水平为 0.05）。

总体满意度及其影响因素的评价在季节方面的差异性水平为 0.05；总体满意度的影响因素中，内部交通、停车场在季节特征方面均表现出显著的差异性（显著水平为 0.01）；咨询中心在季节方面表现出较为明显的差异性（在 0.05 水平显著）；导游讲解在季节特征方面的差异性不明显；生态环境在季节特征方面的差异性水平为 0.01；厕所卫生在季节特征方面表现出显著的差异性（显著水平为 0.05）；餐饮特色在季节特征方面不显著；旅游商品、旅游秩序和员工服务在季节方面的差异性水平为 0.01。

表 4.7　游客满意度在人口学特征方面差异的显著性

因子变量	性别		年龄		学历		职业	
统计值	F 值	显著性	F 值	显著性	F 值	显著性	F 值	显著性
总体满意度	0.899	0.343	1.305	0.259	1.912	0.075	1.965	0.047
外部交通	2.519	0.113	2.852	0.014	2.930	0.007	1.514	0.147
内部交通	1.267	0.260	1.719	0.127	1.982	0.065	2.018	0.041
停车场	1.804	0.179	5.921	0.000	2.614	0.016	3.612	0.000
咨询中心	1.805	0.179	4.938	0.000	2.866	0.009	3.471	0.001
导览系统	1.259	0.262	4.873	0.000	6.913	0.000	2.844	0.004
导游讲解	2.643	0.104	4.587	0.000	2.844	0.009	2.637	0.007
休息设施	0.379	0.538	4.780	0.000	1.879	0.081	3.688	0.000
生态环境	12.651	0.000	7.370	0.000	2.039	0.057	2.310	0.018
厕所卫生	25.206	0.000	6.788	0.000	2.149	0.045	3.229	0.001
餐饮特色	4.711	0.300	7.781	0.000	4.667	0.000	5.061	0.000
旅游商品	3.574	0.059	2.958	0.011	2.693	0.013	2.163	0.027
安全提示	3.309	0.069	7.760	0.000	4.119	0.000	5.448	0.000
旅游秩序	5.696	0.170	3.405	0.004	1.471	0.184	3.445	0.001
员工服务	3.920	0.048	6.414	0.000	1.561	0.154	7.057	0.000

资料来源：依据问卷数据得出

表4.8 游客满意度在季节特征等级方面差异的显著性

测量变量 统计值	季节	
	F值	显著性
总体满意度	3.020	0.049
外部交通	2.452	0.086
内部交通	19.144	0.000
停车场	12.885	0.000
咨询中心	4.007	0.018
导览系统	0.458	0.632
导游讲解	1.795	1.166
休息设施	0.595	0.552
生态环境	7.462	0.001
厕所卫生	4.214	0.015
餐饮特色	0.653	0.520
旅游商品	4.985	0.007
安全提示	2.834	0.059
旅游秩序	4.684	0.009
员工服务	5.548	0.004

资料来源：依据问卷数据得出

3.2.3 总体满意度与各影响要素间的相关性分析

通过因子分析检验了测量指标体系的合理性，单因素方差法验证了游客满意度在人口学特征的差异性，进一步采用Pearson相关系数法对总体满意度与各维度、影响要素间的相关性进行探讨，结果如表4.9和表4.10所示。总体满意度与各维度、影响要素间的相关性在0.01水平上显著，且相关系数为正，说明游客的总体满意度与各评价指标呈高度的正相关。各维度中，内外交通与总体满意度的相关系数最大(0.557)，其次是景区游览、休息与卫生，相关系数分别为0.488和0.486，再其次是，秩序与服务相关系数为0.479，最后是餐饮与购物，相关系数为0.366。各影响要素中，内部交通与总体满意度的相关系数最大(0.486)，其次是外部交通，相关系数为0.473，再其次是生态环境，相关系数为0.457，咨询中心、导览系统、员工服务与总体满意度的相关系数均排名靠前，而其他影响因素与总体满意度的相关系数较小,说明交通、生态环境、游览和员工服务等方面的评价对总体满意度的影响较大。

表 4.9　总体满意度与各维度间的相关性

	总体满意度	内外交通	景区游览	休息与卫生	餐饮与购物	秩序与服务
总体满意度	1					
内外交通	0.557**	1				
景区游览	0.488**	0.493**	1			
休息与卫生	0.486**	0.436**	0.512**	1		
餐饮与购物	0.366**	0.350**	0.417**	0.393**	1	
秩序与服务	0.479**	0.453**	0.556**	0.580**	0.480**	1
注:**表示相关性在 0.01 水平下显著						

资料来源:依据问卷数据得出

表 4.10　总体满意度与各影响要素间的相关性

	外部交通	内部交通	停车场	咨询中心	导览系统	导游讲解	休息设施
总体满意度	0.473**	0.486**	0.391**	0.445**	0.444**	0.447**	0.417**
	厕所卫生	生态环境	餐饮特色	旅游商品	安全提示	旅游秩序	员工服务
总体满意度	0.415**	0.457**	0.409**	0.388**	0.410**	0.426**	0.442**
注:**表示相关性在 0.01 水平下显著							

资料来源:依据问卷数据得出

3.2.4　总体满意度的回归分析

相关性研究可以判定测量变量间的相关关系的程度,但无法反映其具体的结构关系。通过回归分析对游客满意度模型及研究假设进行验证,检验游客总体满意度与其影响因素各维度间的具体结构关系,采用 SIMCA-P11.5 版本进行 PLS 回归分析,能更好地规避自变量间可能存在的多重共线性,将内外交通、景区游览、休息与卫生、餐饮与购物、秩序与服务 5 个维度代入回归分析模型。在主成分个数为 1 的情况下,模型拟合结果 $R_2X=0.703,R_2Y=0.420$,表明 PLS 回归模型的交叉有效性及累计解释能力较好。回归模型拟合结果提取了自变量 70.3% 及因变量 42.0% 的解释信息。当主成分个数为 1 时,交叉有效性 $Q_2VY=0.4027$,当主成分个数为 2 时，$Q_2VY=0.0257$，不符合模型拟合的决策规定，则模型拟合结束。模型拟合的交叉有效性必须 ≥ 0.0975，根据该决策规定确定主成分的个数为 1。PLS 回归分析的各维度系数如图 4.2 所示，游客总体满意度与各维度间相对重要性程度依次为：内外交通维度（0.3301）＞休息与卫生维度（0.1675）＞景区游览维度（0.1554）＞秩序与服务维度（0.1225）＞餐饮与购物维度（0.0548）。

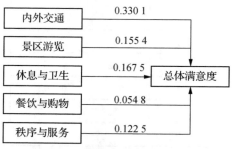

图 4.2　总体满意度与各维度间的回归系数

资料来源：依据问卷数据得出

为进一步检验总体满意度与其影响要素间的具体结构关系，本文采用多元逐步回归法进行分析，以规避自变量之间可能存在的相关关系。逐步回归结果如表 4.11 所示，共经过 12 次回归，纳入 12 个因子，首先引入方程中的自变量为内部交通（模型 1），其次是生态环境（模型 2），模型 3 引入的自变量是外部交通，模型 4、5 和 6 引入的分别是餐饮特色、导览系统和咨询中心，接着依次引入的是员工服务、导游讲解、旅游秩序、休息设施、旅游商品和停车场（模型 6 至 12），而厕所卫生和安全提示两个自变量未被模型引入；虽然 12 个模型均通过显著性检验（显著水平为 0.01），但通过比较可以看出，12 个模型中，模型 12 的相关系数 R（0.6641）、判定系数 R_2（0.441）、调整的判定系数 R_2（0.440）、估计标准误差（0.545）、回归项（1241.689）均最大，残差（1573.558）均最小，因此，模型 12 为最优，入选的自变量为 12 个，即内部交通、生态环境、外部交通、餐饮特色、导览系统、咨询中心、员工服务、导游讲解、旅游秩序、休息设施、旅游商品和停车场，这 12 个自变量能解释因变量的 44.1%，所以这里选用模型 12 作为游客对旅游总体满意度评价的最优回归模型。对模型 12 进行回归系数测定与检验，如表 4.12 所示。模型 12 的 12 个系数都通过了显著性检验（显著水平为 0.01），且容差都大于 0.5，说明多重共线性不明显。非标准化系数和标准化系数中，对总体满意度影响最显著的是外部交通，其次是生态环境和内部交通，餐饮特色第四，导览系统第五，咨询中心第六，员工服务和导游讲解分别为第七和第八,旅游秩序第九,旅游商品、休息设施和停车场分别为第十至第十二。

表 4.11 模型概况与方差检验

模型	R	R_2	调整的 R_2	估计标准误差	回归项	残差项	F 值	显著性
1	0.486a	0.237	0.237	0.636	666.236	2149.012	1645.894	0.000b
2	0.573b	0.329	0.328	0.597	924.985	1890.263	1298.713	0.000c
3	0.613c	0.376	0.376	0.575	1058.203	1757.045	1065.404	0.000d
4	0.636d	0.405	0.404	0.562	1139.318	1675.929	901.772	0.000e
5	0.651e	0.424	0.423	0.553	1193.155	1622.093	780.435	0.000f
6	0.656f	0.431	0.430	0.550	1212.917	1602.330	669.162	0.000g
7	0.660g	0.435	0..434	0.548	1225.283	1589.965	583.812	0.000h
8	0.661h	0.437	0.436	0.547	1230.502	1584.746	514.603	0.000i
9	0.662i	0.439	0.438	0.546	1235.129	1580.119	460.402	0.000j
10	0.663j	0.440	0.439	0.546	1237.882	1577.366	415.932	0.000k
11	0.664k	0.441	0.439	0.545	1240.490	1574.758	379.473	0.000l
12	0.664l	0.441	0.440	0.545	1241.689	1573.558	348.386	0.000m

注:a. 因变量:总体满意度;b. 自变量:内部交通;c. 自变量:生态环境;d. 自变量:外部交通;e. 自变量:餐饮特色;f. 自变量:导览系统;g. 自变量:咨询中心;h. 自变量:员工服务;i. 自变量:导游讲解;j. 自变量:旅游秩序;k. 自变量:休息设施;l. 自变量:旅游商品;m. 自变量:停车场

资料来源:依据问卷数据得出

表 4.12 回归系数及检验结果

自变量	非标准化系数		标准化系数(试用版)	t	Sig.	共线性容差	
	B 值	标准误差				容差	VIF
常数	1.175	0.049		23.759	0.000		
外部交通	0.149	0.009	0.195	15.645	0.000	0.677	1.478
生态环境	0.133	0.011	0.157	12.125	0.000	0.629	1.589
内部交通	0.107	0.011	0.137	10.119	0.000	0.572	1.748
餐饮特色	0.075	0.011	0.096	7.032	0.000	0.562	1.778

续表

自变量	非标准化系数		标准化系数（试用版）	t	Sig.	共线性容差	
	B值	标准误差				容差	VIF
导览系统	0.058	0.011	0.073	5.147	0.000	0.523	1.912
咨询中心	0.056	0.011	0.072	5.129	0.000	0.532	1.881
员工服务	0.039	0.012	0.049	3.395	0.001	0.506	1.978
导游讲解	0.038	0.011	0.049	3.405	0.001	0.500	2.000
旅游秩序	0.040	0.011	0.048	3.487	0.000	0.558	1.791
旅游商品	0.031	0.011	0.040	2.915	0.004	0.557	1.794
休息设施	0.029	0.010	0.039	2.955	0.003	0.607	1.647
停车场	0.019	0.009	0.026	2.010	0.045	0.649	1.541

注：因变量为总体满意度

资料来源：依据问卷数据得出

3.2.5 假设检验

通过上述的回归分析，可以发现内外交通、景区游览、休息与卫生、餐饮与购物、秩序与服务五个维度对总体满意度都具有显著的正向影响，从而验证了假设H1至H5是成立的，但各影响因素对总体满意度的研究假设呈现出不同的结果，其假设检验结果如表4.13所示。

表4.13 满意度评价的假设检验结果

维度		研究假设	是否支持
内外交通	H1	内外交通对总体满意度有显著的正向影响	成立
	H1a	外部交通对总体满意度有显著的正向影响	成立
	H1b	内部交通对总体满意度有显著的正向影响	成立
	H1c	停车场对总体满意度有显著的正向影响	成立
景区游览	H2	景区游览对总体满意度有显著的正向影响	成立
	H2a	咨询中心对总体满意度有显著的正向影响	成立
	H2b	导览系统对总体满意度有显著的正向影响	成立
	H2c	导游讲解对总体满意度有显著的正向影响	成立

续表

维度		研究假设	是否支持
休息与卫生	H3	休息与卫生对总体满意度有显著的正向影响	成立
	H3a	休息设施对总体满意度有显著的正向影响	成立
	H3b	生态环境对总体满意度有显著的正向影响	成立
	H3c	厕所卫生对总体满意度有显著的正向影响	不成立
餐饮与购物	H4	餐饮与购物对总体满意度有显著的正向影响	成立
	H4a	餐饮特色对总体满意度有显著的正向影响	成立
	H4b	旅游商品对总体满意度有显著的正向影响	不成立
秩序与服务	H5	秩序与服务对总体满意度有显著的正向影响	成立
	H5a	安全提示对总体满意度有显著的正向影响	成立
	H5b	旅游秩序对总体满意度有显著的正向影响	成立
	H5c	员工服务对总体满意度有显著的正向影响	成立

资料来源：依据问卷数据得出

4　研究结论与分析

根据研究结果可以看出：① 对总体满意度及各相关影响因素的评价普遍较高，特别是总体满意度、生态环境和旅游秩序的评价最高；② 总体满意度只在性别方面存在差异性，外部交通、内部游览设施、停车场和咨询中心等15个影响因素在人口学特征方面存在显著的差异性，且所表现出的差异不尽相同；③ 总体满意度与影响要素之间存在着高度的正相关关系，在旅游景区游客满意度的影响要素中，外部交通、生态环境和内部交通对总体满意度的影响较大，其次，餐饮特色、导览系统和咨询中心对总体满意度的影响一般，员工服务、导游讲解、旅游秩序对总体满意度的影响较小，休息设施、旅游商品和停车场对总体满意度的影响最小。

游客满意度水平对提升乡村旅游目的地的形象有积极的正向作用，可以吸引更多的游客到访，对目的地的发展都至关重要。游客满意度评价及影响因素分析的研究结论预示着乡村旅游目的地未来培育竞争优势的方向，同时也显示出了可以提升景区产品和服务质量进而提高游客满意度水平的发展方向。

（1）完善内外交通设施，确保景区的可进入性与内部游览的便利性。无论是外部交通还是内部游览交通，游客非常关注景区的内外交通条件。内外交通维度对总体满意度的影响最大，但内部游览交通、停车场的评价水平较低。游客对景区内部交通产生不满的原因可能是景区过度拥挤、游览线路不清晰或不能及时提供充足的交通设施等。

调查中发现，在高峰期时，黄龙岘景区的内外交通能力与客流量规模严重失调，没有充足的停车位。因为乡村旅游的很多游客，尤其是本市或周边地区来的游客，多数以私家车为主要交通工具。在游览高峰时期，尤其是"五一"和国庆长假期间，来黄龙岘的私家车无处停放，可能需要停在离景区的核心地带距离很远的地方，下车步行至景区。游客觉得极为不方便。同时，因为私家车在路边占道停放，使得进出黄龙岘景区的道路变得更加拥挤，甚至会造成会车时的拥堵。黄龙岘作为南京周边具有较高影响力的乡村旅游目的地，景区应完善交通设施，提供充足的私家车停车位。同时能将公共交通工具引入景区出入口，方便市区及周边游客乘坐公共交通进出，减少对私家车停车位的需求量。另外，由于乡村旅游的特殊性，气候对客流量影响的重要性，需要考虑到不同季节的游客流量相差悬殊，解决季节性特征造成的不利影响，保持交通工具与客流之间的平衡。

（2）加强景区与游客的信息沟通，提高导游讲解质量。景区游览维度对总体满意度的影响较大，且游客咨询中心和导游讲解评价水平不是很高，因此，提高景区游览的满意度水平对提升总体满意度水平至关重要。提供针对性的旅游咨询服务，面对游客不了解游客咨询中心的情况，景区管理部门可在游览示意图上标出其地点并设置导向指示，提高服务宣传力度，增强游客熟悉度，让游客了解服务内容。导游讲解对引导游客顺利完成旅游活动有着重要的作用，其一举一动、一言一行都向游客展示着城市和景区的形象。

乡村旅游的特点是没有固定的游览路线和特定的游览项目，游客以放松休闲为主，很多情况下没有找景区内导游的意识，这也直接导致了游客对景区内部环境的不熟悉，甚至走走就产生了"没什么可玩的"无聊感。因此景区也应该主动增加游客与景区内导游的接触，引导游客从导游处更深刻地了解景区的全方位形象。

（3）改善休息与卫生状况，优化旅游环境。休息设施和卫生是景区的游客对旅游景区的最基本要求，虽然充足的休息设施和良好的环境卫生可能不会很大地提高游客满意度水平，但不合格的休息与卫生状况会极大地降低游客满意度水平，从而阻碍旅游景区的可持续发展。黄龙岘景区环境卫生的满意度评价水平较高，达到了游客的期望水平，游客对休息设施和厕所卫生和厕所数量不尽满意，这在一定程度上制约了休息与卫生的总体水平。

由于乡村旅游的景区范围通常都比较大,所以休息设施和厕所分散在景区内,显得数量较少,间隔较远,不能满足游客的需求。景区应该以明显的指示告知游客休息点位置、距离等相关信息;并且不断提升休息设施和厕所的品质。对于乡村休闲游的游客,游览过程中的舒适度会极大地提升整体满意度。

(4)提高餐饮服务质量,推出高品质旅游商品。餐饮(特色及餐位)、旅游商品在一定程度上会对游客的体验产生负面影响,降低总体满意度水平。餐饮的风格特色和服务水平在一定程度上反映了景区经营的质量水平。旅游商品有助于传播景区形象,扩大景区知名度,景区管理部门应寻求提高餐饮和旅游商品满意度的措施。研究发现,黄龙岘的农家菜还是比较有特色的,但仍存在品质不齐的状况。美食在休闲游中能极好地提升游客的积极情感体验。同时,作为黄龙岘的特色,茶,现在已经在视觉等感官上成为黄龙岘的标志,但是作为特色旅游商品还不够鲜明。将茶文化融入黄龙岘的特色品牌旅游商品,让游客带回家,带给身边的朋友们。

(5)最后,本文仅对游客满意度评价及影响因素进行了研究,未来可引入游客行为,验证满意度对游客行为间的相互关系。另外,对于不同类型的乡村旅游目的地,游客总体满意度的各维度及影响因素的构成是否相同,其测量变量的重要性程度是否相同,也可进行多目的地的实证比较研究。乡村旅游景区管理者提升游客满意度水平是一项长期的系统工程,游客满意度研究旨在为其提供实证依据,应充分利用游客满意度的研究成果,重视其影响因素的评价水平及作用程度,保持积极因素,消除制约因素。

参考文献

[1] CARDOZO R. Customer satisfaction:Laboratory study and marketing action [J]. Journal of Marketing Research,1964(2):244-249.

[2] PIZAM A,NEUMANN Y,REICHEL A. Dimensions of tourist satisfaction with a destination area[J]. Annals of Tourism Research,1978,17(5):314-322.

[3] BEARD J G,RAGHEB M G. Measuring leisure satisfaction[J]. Journal of Leisure Research,1980,12(1):20-33.

[4] EAGLE S P F G,MCCOOL S F,HAYNES C D. Sustainable tourism in protected areas:guidelines for planning and management[M]. UK:IUCN,International Union for Conservation of Nature,2010.

[5] BAKER D A,CROMPTON J L. Quality,satisfaction and behavioral intentions[J]. Annals of Tourism Research,2000,27(3):785-804.

[6] YU L,GoULDEN M. A comparative analysis of international tourists' satisfaction in Mongolia[J]. Tourism Management,2006,27(6):1331-1342.

[7] BENTZ J,LOPES F,CALADO H,et al. Enhancing satisfaction and sustainable management:Whale watching in the Azores[J]. Tourism Management,2016(54):465-476.

[8] 万绪才,丁敏,宋平.南京市国内游客满意度评估及其区域差异性研究[J].经济师,2004(1):246-247.

[9] 符全胜.旅游目的地游客满意理论研究综述[J].地理与地理信息科学,2005,21(5):90-94.

[10] 南剑飞,李蔚.基于灰色系统理论的旅游景区游客满意度评价研究[J].商业研究,2008(12):46-49.

[11] 李万莲,李敏.旅游服务质量满意度影响因子的区域差异研究:安徽三大旅游板块的比较分析[J].经济管理,2011,33(3):108-113.

[12] 陈旭.IPA分析法的修正及其在游客满意度研究的应用[J].旅游学刊,2013,28(11):59-66.

[13] 李在军,管卫华,顾珊珊,等.南京夫子庙街游客满意度模糊综合评价研究[J].西北大学学报(自然科学版),2013,43(2):293-297.

[14] 郭付友,甘静,陈才,等.山水实景演出旅游项目游客满意度测评研究:以《中华泰山·封禅大典》为例[J].干旱区资源与环境,2015,29(6):183-188.

[15] KASTENHOLZ E,CARNEIRO M J,MARQUES C P,et al. The dimensions of rural tourism experience:impacts on arousal,memory,and satisfaction[J]. Journal of Travel & Tourism Marketing,2018,35(2):189-201.

[16] 尹燕,周应恒.不同旅游地乡村旅游者体验满意度实证研究[J].南京社会科学,2013(9):146-153.

[17] 粟路军,黄福才.城市居民乡村旅游满意度的实证研究:以长沙市为例[J].旅游科学,2009,23(4):42-49.

[18] 周杨,何军红,荣浩.我国乡村旅游中的游客满意度评估及影响因素分析[J].经济管理,2016,38(7):156-166.

[19] DORFMAN P W. Measurement and meaning of recreation satisfaction[J].

Environment and Behavior,1979,11(4):483-510.

[20] CRONIN J J,TAYLOR S A. Measuring service quality:a reexamination and extension[J]. Journal of Marketing,1992,56(3):55.

[21] LLOSA S, CHANDON J L, ORSINGHER C. An empirical study of servqual's dimensionality[J]. The Service Industries Journal,1998,18(2):16-44.

[22] HUI T K,WAN D,HO A. Tourists' satisfaction,recommendation and revisiting Singapore[J]. Tourism Management,2007,28(4):965-975.

[23] BAZNESHIN S D,HOSSEINI S B,AZERI A R K. The physical variables of tourist areas to increase the tourists' satisfaction regarding the sustainable tourism criteria:Case study of rudsar villages,sefidab in rahim abad[J]. Procedia-Social and Behavioral Sciences,2015,201(22):128-135.

[24] JENSEN O,LI Y,UYSAL M. Visitors' satisfaction at managed tourist attractions in Northern Norway:Do on-site factorsmatter? [J]. Tourism Management,2017(63):277-286.

[25] ALBAYRAK T,CABER M. Examining the relationship between tourist motivation and satisfaction by two competing methods[J]. Tourism Management,2018(69):201-213.

[26] 董观志,杨凤影.旅游景区游客满意度测评体系研究[J].旅游学刊,2005,20(1):27-30.

[27] 彭文英,李俊.北京旅游景区游客满意度及其影响因素分析[J].资源开发与市场,2008,24(6):564-567.

[28] 李瑛.旅游目的地游客满意度及影响因子分析:以西安地区国内市场为例[J].旅游学刊,2008,23(4):43-48.

[29] 史春云,刘泽华.基于单纯感知模型的游客满意度研究[J].旅游学刊,2009,24(4):51-55.

[30] 李龙梅,王晓峰,王俊霞.基于网络评论的兵马俑景区游客满意度评价[J].宁夏师范学院学报,2011,32(6):70-73.

[31] 亓玲玲.景区游客满意度研究:以泰山景区为例[D].重庆:重庆工商大学,2011.

[32] 何琼峰.基于扎根理论的文化遗产景区游客满意度影响因素研究:以大众点

评网北京5A景区的游客评论为例[J].经济地理,2014,34(1):168—173.

[33] 韩春鲜.旅游感知价值和满意度与行为意向的关系[J].人文地理,2015,30(3):137—144.

[34] 王钦安,孙根年,汤云云.传统型景区游客感知满意度及游后倾向实证分析:以琅琊山景区为例[J].资源开发与市场,2016,32(1):99-102.

[35] 马天,李想,谢彦君.换汤不换药?游客满意度测量的迷思[J].旅游学刊,2017,32(6):53-63.

[36] 董楠,张春晖.全域旅游背景下免费型森林公园游客满意度研究:以陕西王顺山国家森林公园为例[J].旅游学刊,2019,34(6):109-123.

[37] KOZAK M,RIMMINGTON M. Tourist satisfaction with Mallorca,Spain,as an off-season holiday destination[J]. Journal of Travel Research,2000,38(3):260-269.

[38] "游客满意度指数"课题组,戴斌,李仲广,等.游客满意度测评体系的构建及实证研究[J].旅游学刊,2012,27(7):74-80.

[39] 王明康.济南市泉水景区游客满意度测评研究[D].济南:山东师范大学,2014.

第五章 乡村旅游游客情感

乡村旅游作为一种独特的休闲活动形态,日渐超越旅游活动而成为人们的一种生活方式。为什么乡村旅游对人们的吸引力越来越大?旅游者在乡村旅游活动过程中获得了什么样的情感体验?乡村旅游作为一个重要的研究课题,引起了从业人员和研究人员的极大关注。虽然旅游研究承认研究情感的重要性(Hosany 等人[1];Nawijn 等人[2];Prayag 等人[3]),但先前的研究未能阐明乡村旅游游客的情感体验作为目的地营销和管理的一个重要因素。因此,本文试图为游客在乡村旅游中的情感反应提供一些初步的见解。

情感是与特定刺激相关的强烈情感反应,如物体、事件或经验(Cohen 和 Areni[4])。游客的情感体验通常是广泛的,似乎是特定背景的(Farber 和 Hall[5])。因此,有必要具体说明研究这些经验的背景。江宁美丽乡村黄龙岘作为旅游目的地被认为是环境、旅游景点、交通、酒店、食品、购物等多种成分的综合。从营销的角度来看,这些旅行组件被消费在一系列不同的事件中,并且在旅行过程中自发地产生不同的情感反应。游客的情感反应被认为在记忆中留下了情感痕迹。在一定时期内,这些痕迹通常可以在回顾中进行评估,并可以进行整体评估(Hosany 和 Gilbert[6])。本文将回顾旅游研究中关于特定情感反应的文献,并利用通过焦点小组访谈收集的数据来识别和记录乡村旅游游客在黄龙岘的游览期间表现为积极或消极的显著情感反应。

1 游客情感与情绪

1.1 情绪反应

情绪是对特定指称者的直接、强烈的心理反应(Beedie、Terry 和 Lane[7])。情绪反应是情感状态的短暂持续时间,包括明确可识别的生理反应,如心率升高或瞳孔扩张(Pearce[8])。情绪反应与描述某一事件的具体经历有关,例如在旅途过程中遇到钱包或证件丢失的事件,就会引起旅游者强烈的情绪反应。

1.2 情绪和情感的测量

自我报告测量被广泛应用于心理文献中,以有效和高效地捕捉情绪(Diener[9])。通常,学者们使用口头或书面问题的自我报告回答来评估受访者对刺激的情绪反应。在传统的方法中,研究人员经常采用或改编心理学的量表,如快乐、唤醒和支配量表(PAD)(Mehrabian 和 Russell[10])、差异情绪量表(DES1)(Izard[11])、情绪心理进化理论(PTE)(Plutchik 等人[12])和积极和消极情绪量表(PANAS)(Watson、Clark 和 Tellegen[13]),以了解客户或游客的体验(Lee 和 Kyle[14];Richins[15])。在营销文献中,Richins[15]提出了消费情绪集(CES),以概念化和操作在各种产品和服务消费环境中触发的情绪状态。

然而,现有的心理学和营销学没有考虑到旅游和目的地的特点。为了捕捉游客对目的地的情感反应范围,Hosany 和 Gilbert[16]开发了目的地情感量表(DES2),这是一种简约的量表,用 15 个项目代表喜悦、爱和积极惊喜的三个情感维度。值得一提的是,DES2 只捕捉积极的价态情感,而在游客对目的地的回顾性评估中没有负面的发生。同时它也提出了一个问题,即缺乏经验证据来支持情感的结构有效性。同样,Lee 和 Kyle[14]开发了节日消费情感(FCE)量表。在节日环境中产生的情感是沿着四个维度识别的:爱、喜悦、惊讶和消极,其中包括 DES2 的三个维度和消极情感的一个维度。

关于测量情绪的理论方法,被定义为连续的潜在维度(基于价态),如 PAD、PANAS、DES2 和 FCE,或者作为离散情绪的分类(情绪特异性),如 DES1、PTE 和 CES 中的喜怒哀乐。其中,PANAS 方法似乎是最受欢迎的。这种范式侧重于情感状态,广义上的两个整体维度——积极情感和消极情感,共涵盖 20 个单词作为其维度特征,如兴奋、警觉、坚定等积极情感,以及不安、内疚、紧张等消极情感。在有关体验质量和满意度(Zins[17])、休闲活动偏好(Barnett[18])、旅行动机和旅行意向(Jang 等人[19])和旅游满意度模型(Del Bosque 和 San Martin[20])的旅游研究中,采用 PANAS 方法的较多。在本文中,情感反应是用单极量表测量的,因为个体在同一旅行事件中可能同时经历积极和消极的情感反应。我们提到了情感反应的频率,以反映乡村旅游游客对他们在黄龙岘的游览经历的显著情感反应。

1.3 旅游研究中的具体情感反应

许多研究已经建立了不同消费环境下差异情绪量表的有效性和适用性。考虑到消费情感在性格和强度上与其他环境中经历的情感不同,Richins[15]开发了 CES 来描述一系列消费情感。Pearce 和 Packer[21]提出,Richins 的潜在情感反应清单可以扩展到捕捉游客对他们个人旅游体验的感受,包括快乐、满足、乐观、高兴、担心、沮丧、紧张、孤独、不满足、不满、愤怒、悲伤和沮丧。

基于消费情感的结构,最近的许多研究试图解释情感在旅游和好客背景下的作用。例如,有研究调查了情感对购买旅游和休闲服务的决定的影响(Kwortnik 和 Ross[22])、消费后情感的决定因素(Muller、Tse 和 Venkatasubramaniam[23])、情感与总体满意度之间的关系(Del Bosque 和 San Martin[20];Prayag 等人[3])、游客行为意向(Grappi 和 Montanari[24];Hosany 等人[1])和情感作为休闲和旅游市场的细分变量(Barnett[18];Bigné 和 Andreu[25])。其他研究的重点是与节日有关的情感体验(Grappi 和 Montanari[24];Lee 等人[26])、购物(Yüksel[27])、餐馆(Han 和 Jeong[28])、主题公园(Ma 等人[29])、假日(Nawijn 等人[30])和冒险旅游(Faullant、Matzler 和 Mooradian[31])。

在过去的多年里,越来越多的研究者开始关注关于旅游消费情感的问题。一些研究集中在感觉情感上,其特征是积极的或消极的。Zins[17]利用 PANAS 在抱怨和不抱怨的旅行者中识别六种显著的积极情感(积极、警觉、专注、满意、热情和高兴)和七种显著的消极情感(紧张、害怕、沮丧、愤怒、不快乐、害怕和心情不好)。Bigné、Andreu 和 Gnoth[32]报告了游客在主题公园的积极情感,如满足、快乐、高兴和娱乐。Kwortnik 和 Ross[22]证明,游客在度假时会感受到各种各样的积极情感,因为人们的假期被设计成舒适和愉快。目的地唤起积极的情感(愉快、放松、唤醒和兴奋)(Yüksel 和 Akgül[33])。根据前人的研究和焦点小组访谈的结果,Del Bosque 和 San Martin[20]利用四种积极情感(高兴、陶醉、印象深刻和惊讶)和四种消极情感(无聊、不高兴、失望和愤怒)来调查情感对西班牙目的地游客满意度的影响。Jang 等人[19]通过进行探索性研究,在台湾长者中,找出六种积极情感(充满生命、满足、精神良好、平静、愉快和极度快乐)和六种消极情感(紧张、悲伤、没有任何东西能让你振作、不安或烦躁、一切努力都是毫无价值和无望),从而提供经验支持,以了解长者的心理方面。

虽然已有学者从消费者行为的角度对旅游中的情感进行了研究(Bigné 和 Andreu[25]),但 Tung 和 Ritchie[34]强调了在难忘的体验中理解游客情感的重要性,无论是积极的(快乐和兴奋)还是消极的(恐惧、愤怒和沮丧)。Coghlan 和 Pearce[35]

利用一些有活力的志愿旅游考察游客,记录了九种积极情感(快乐、满足、乐观、高兴、兴奋、满足、鼓励、平静和和平),其中快乐、满足、乐观和高兴经常被记录在高水平上,而焦虑、沮丧、紧张、孤独、未满足、不满、愤怒、悲伤和沮丧等情感在一些志愿者中确实发生,但通常在较低水平。在节日背景下,Lee等人[26]采用了四个项目,分别捕捉积极(高兴、满意、兴奋和精力充沛)和消极(无聊、困倦、烦恼和愤怒)情感,发现这些情感调解了节日环境对节日忠诚度的影响。Nawijn等人[2]利用9种积极情感(感兴趣、快乐、感激、娱乐、内容、骄傲、敬畏、爱和希望)和8种消极情感(愤怒、悲伤、害怕、羞愧、轻蔑、尴尬、内疚和厌恶),每天用日记追踪度假者的情感。有趣的是,从情感神经科学的角度来看,Pearce[36]试图解释个人在回到以前的重要和熟悉的地方的情感体验。

根据对旅游研究中具体的积极和消极情感反应的回顾,可以得出的结论是,应进一步研究旅游中的情感(Cohen E. 和 Cohen S. A.[37])。关于情感在旅游目的地中的作用的实证研究仍然很少(Hosany 和 Gilbert[6])。除了积极情感外,消极情感也可以与旅游目的地相关;未来的研究不仅应该继续研究与目的地不同类型的旅游体验相关的积极情感维度,而且还应该研究对目的地旅游体验的消极情感维度。为了解决这种差距,本研究旨在确定和记录游客在乡村旅游活动期间的显著积极和消极情感反应。

1.4 游客在乡村旅游活动中的情感反应

游客对乡村旅游作为旅游目的地的情感反应有哪些类型?这些情感反应在他们乡村旅游体验中是如何触发和形成的?这些情感反应会对旅游行为产生什么影响?我们通过焦点小组讨论(FGDs)和游客访谈探讨了这些关于参与者情感反应的"什么""为什么"和"什么影响"的问题。

2 研究方法与数据搜集

研究小组在江宁美丽乡村黄龙岘现场进行调研之后的三天内,共招募了32名参与者参加了四组焦点访谈(表5.1)。当时,游客对其特定游览活动的情感反应仍然是最近的,而且很容易获得。访谈对象有第一次来黄龙岘游览的游客,也有已经多次游览的游客;有外地专程来看美丽乡村的游客,也有周边城市多次来休闲娱乐的游客。焦点访谈小组首先对他们的个性和兴趣进行了热身讨论,这起到了打破僵局的作用,鼓励他们与他人分享见解和经验。在适当考虑人格变量的影响下,参与者被要求对他们在黄龙岘的游览经历进行全面的情感评估。由于参与者的特定情感反应是高度个性化的,他们的快速和直截了当的回答,连同他们自己的个人旅游体验的叙述,揭示了人格相关和语境相关的因素作为情感反应的两个重要预测因素。基于积极和消极情感反应的初始框架,随后深入探讨了不同旅行事件引发的特定情感反应,以提供补充证据。最后,根据参与者的情感反应评估整体游客满意度。所有焦点小组的访谈都是录音,然后转录成文本,再进一步做文本分析。

表 5.1 焦点访谈小组参与者的人口学特征(人数＝32)

	G1	G2	G3	G4	Total
性别					
男	5	4	4	3	16
女	3	4	4	5	16
年龄/周岁					
18~29		1		1	2
30~39	2	2	2	2	8
40~49	4	2	3	3	12
50~59	1	2	2	1	6
60 or older	1	1	1	1	4
婚姻状况					
未婚		2	1	1	4
已婚	8	6	7	6	27
未提及				1	1
职业					
商人	2		3	1	6
公务员		2	2		4
教师		2		1	3
职员/白领	5	2	3	3	13
工人					
退休		1		1	2

续表

	G1	G2	G3	G4	Total
无业	1			1	2
学生		1		1	2
教育程度					
小学及以下					
高中		1	2		3
大专	2	2	1	2	7
本科	6	3	3	4	16
研究生及以上		2	2	2	6
个人月收入/元					
无收入	1	1		2	4
低于￥2 000					
￥2 000～3 999	1	1			2
￥4 000～5 999	1	2	1		4
￥6 000～7 999	2	2	2	4	10
￥8 000～9 999		2	2	2	6
￥10 000～14 999	2		1		3
￥15 000 以上	1		2		3
家庭人口					
1 人			1	1	2
2～3 人	7	6	6	6	25
4～5 人	1	2		1	4
6 人及以上			1		1
游伴					
独自	1	1			2
家庭/亲戚	4	5	6	5	20
同学	2	1	2	2	7
朋友	1	1		1	3

资料来源:表格为课题组成员整理

3 乡村旅游游客情感访谈分析

我们对访谈文本进行了主题分析,以确定突出的情感。在以往的研究中,国内旅游文献中有一种共识,即餐饮、住宿、交通、旅游、购物和娱乐六个基本旅游要素(食、住、行、游、购、娱)的框架是解释旅游现象、理解旅游产业甚至揭示旅游本质的最有效工具。它们为构建旅游产业链提供了一个基本范式。这六个要素作为旅游活动的基本维度,也被游客普遍用来评估质量和旅游体验(Tse 和 Zhang[38])。在整个旅程中,特定情感反应的普遍程度可以通过激发这种情感反应的旅游要素来显著反映。与情感反应相关的旅游元素越多,它就越普遍。例如,如表 5.2 所示,关于所有六个旅游要素的游览细节都可能会产生积极的情感反应"快乐"。换句话说,快乐可以被概念化为贯穿所有旅行活动的普遍情感反应。

表 5.2 参与者的整体情感反应

积极情感反应	个体	消极情感反应	个体
1. 快乐的	27	1. 枯燥	8
2. 放松	25	2. 担心	7
3. 感兴趣的	24	3. 乡愁	6
4. 印象深刻的	20	4. 怀旧	5
5. 友好的	17	5. 尴尬的	1
6. 舒适的	16		
7. 平静的	8		
8. 安全的	7		

资料来源:表格为课题组成员整理

在讨论整体情感体验之后,我们鼓励被访者详细回忆在黄龙岘的游览时具体情感反应的生动时刻。对过去情感经历的回顾性评估包括回忆和整合短暂情感体验的时刻(Fredrickson[39])。因此,对被访者显著情感反应的回顾性评价是基于一定数量的单一情感时刻的积累。在一段时间内,一些瞬间的情感反应可能会反复发生,然后发展成突出的情感反应,而另一些则可能只是在那一刻才被激发出来,然后迅速从游客的情感体验中消失。因此,每个特定情感反应的动态都是通过测量其发生的频率来实现的。对被访者情感反应的详细分析揭示了情感体验维度背后的机制。

关于如何衡量旅游研究中的积极和消极影响,Pearce[40]建议增加积极或消极体验的频率,而 Nawijn 等人[2]采用"影响平衡"的方法,将平均负影响分数从平均正影响分数中减去。研究人员采用频率分析来统计参与者在黄龙岘旅游体验中提到每一种特定情感反应的次数,对游览的描述产生了来自 32 名被访者的 496 个反应,其特征是积极或消极的情感反应。表 5.3 报告了被访者到黄龙岘游览所产生的显著情感反应,包括八种积极的情感反应(快乐、放松、感兴趣、印象深刻、友好、舒适、平静和安全)和五种消极的情感反应(枯燥、担心、乡愁、怀旧和尴尬)。这些频率是根据描述这种情感反应的个人数量和提到相同情感反应的次数列出的,不是为了统计目的,而是为了反映被访者在黄龙岘旅游体验引起的明显情感反应。显然,被访者情感反应的发生频率越高,这种情感反应就越有可能变成普遍的情感特征。

表 5.3 参访者所提及各类情感主题的频率汇总表

主题	副题	分类	个体($N=32$)	提及次数
积极情感	快乐的	a. b. c. d. e. f.	27	56
	放松	a. b. c. d. f.	25	48
	感兴趣的	a. c. d. e. f.	24	51
	印象深刻的	a. c. d. e. f.	20	43
	友好的	a. b. d. e. f.	17	38
	舒适的	c. d. e. f.	16	34
	平静的	a. d.	8	16
	安全的	a. e.	7	16
	新奇的			13
	期待的	a. d.	4	7
	着迷的	d.	4	6
	出人意料的	d.	2	3
消极情感	枯燥	c. d. f.	8	19
	担心	c. d. f.	7	17
	乡愁	a. c. f.	6	15
	怀旧的	d. e. f.	5	14
	尴尬的	b. d	1	2

注:a. 餐饮;b. 住宿;c. 交通;d. 游览;e. 购物;f. 娱乐。

资料来源:表格为课题组成员整理

如表 5.3 所示,总的来说,积极的情感反应在频率和流行率方面基本上超过了消极的反应,这与 Zins[17]、Hosany 和 Gilbert[16] 与 Nawijn[2] 在旅游环境中的早期发现是一致的。积极和消极的情感反应作为两个主要的心理变量,将在游客满意度的形成中发挥重要作用。因此,为了更好地理解上述"为什么"和"什么影响"问题的突出情感反应,我们将详细描述积极和消极情感反应。

积极的情感反应

快乐的

在旅行和旅游环境中,将旅行与自由和放松的体验联系起来是合理的。这两种主观状态都会引起快乐的情感反应。因此"快乐"作为一种突出的情感反应被最高数量的参与者明确地描述和提到是可以理解的。在黄龙岘浏览的游客大多数都感到很高兴。这证实了其他研究的结果,即游客在度假期间通常感到快乐(Nawijn 等人[2])。被访者指出,他们在黄龙岘游览时的许多属性或维度都引起了喜悦的情感反应,包括宜人的天气、良好的社会秩序、"不操心"的生活方式、原始的自然环境、友好的当地人等。例如,第 4 组一位 46 岁的女士说:

孩子们沐浴着阳光尽情地在草地上无忧无虑地玩耍着,翻滚着,在儿童乐园里面蹦蹦跳跳地疯玩,简直就是宝宝的最爱啊!往里面走,前面有一条河,河里的鸭子自由自在地游啊游,孩子们看得可开心了,兴奋地晚上都睡不着了!(G4.2,女性)

值得一提的是,一些被访者强调了参加团体休闲游览活动的好处,在活动中产生了愉快的喜悦感,因为它涉及同行伙伴之间的互动娱乐,增加了被访者在休闲活动中的快乐体验。例如,一位五十多岁的男性在第 3 组分享了以下观点:

我跟我的老伙伴们一起钓鱼、骑车,还吃了美味的农家菜,特别正宗、鲜美啊!晚上抬头看到了久违的星空,像回到我们小时候一样,真的非常开心!(G3.3,男性)

放松

放松在被访者中的流行率排名第二。人们认为这主要源于黄龙岘的景色和民风,因为大多数被访者都来自城市,对于乡村的美景抱有美好的向往。一些被访者认为,最重要的放松来源在于优美的自然环境:

有山有水有茶,空气清新,沐浴在阳光下,湖边散步、垂钓、拍照,走走乡村小路,感受一下平静闲暇的生活,放松一下自己的心情。最爱那个大草坪,好多人放风筝,搭帐篷露营,超级惬意,超级适合家人情侣休闲放松!(G1.7,男性)

风景优美,古朴的村落,小桥流水人家,真是太美了,感觉与大自然的距离更近了。这种田园诗画般的生活,让我们生活在喧闹的都市里的人很放松,很向往!(G2.3,女性)

这样与大自然亲密接触,让人从喧嚣、忙碌的大都市里解脱出来,放松清静地享受大自然!我好像都忘记了生活中和工作中的一切烦恼!(G1.6,男性)

感兴趣

兴趣可以激励人们追求新的信息和体验(Fredrickson[39])。被访者多数是来自城市的居民,对乡村旅游充满了新鲜感。例如,茶山吸引了游客注意,能看到居民现场炒茶叶更是一种乐趣。而很多特色的农产品也受到被访者的喜爱。感兴趣的被访者,尤其是孩子们,甚至可以从这些游览活动中学习和吸收有用的知识:

我愿意体验任何能引起我兴趣的东西。这是我第一次看到这么大一片茶园,满眼的绿色。我们是好几个同学一起来的,大家都特别感兴趣,还争着问旁边的粘纸是做什么用的啊?原来是防蚊虫的,真是在玩的过程中长知识啦!所以我们特意第二天起个大早来看老乡们炒茶叶,真是非常特别的一次体验(G1.5,男大学生)

这里的土腌菜、炒米、锅巴都很有特色。后山有成片的栗子树林和茶林,地上满是掉落的栗子,很有趣。有一家农户门口还有一口井,带着小朋友亲手打了一桶井水,对这种可以自己动手的劳动还真是很有兴趣的!(G3.4,女性)

印象深刻

被访者一致认为,在黄龙岘的游览是一次令人印象深刻的体验。他们举例说明了情感反应,在许多方面"印象深刻",如老街的特色美食,大片的绿色茶园,开阔的土地,自然环境,清新的空气,甚至当地居民的淳朴和友善。许多与会者对黄龙岘的空间和生态方面印象深刻:

印象最深的,就是那里的环境,绿色,一眼望过去,都是绿色。水也特别清,空气、蓝天没有什么污染,我们都觉得特别适合拍电影的外景啊,有点像卧虎藏龙里的场景。而且房屋比较少,看上去特别开阔,很养眼。(G2.6,女性)

这里开阔的土地、壮观的景色和未被破坏的生态环境给了我一种自由和平等的感觉。既是传统的乡村,没有人为的破坏,又似乎被赋予了新的活力,值得尊重。从这个角度来看,我认为黄龙岘人承担了维护生态可持续发展的责任。(G3.2,45岁男子)

友好

被访者普遍感受到当地人的友好和好客,以及在黄龙岘受到尊重的感觉。

黄龙岘居民是友善的,乡风淳朴。他们小集市上卖自己家里的土特产,价格也非常公道。他们也是思想开放的,他们经营了很多农家乐的菜馆,待客很热情。虽然也是经营餐厅,但是却没有感觉到有很浓的商业气息。(G3.4,女性)

老乡们炒茶的时候,我想拍点照片和视频,他们都非常乐意,还主动给我们讲解。我告诉他们,我会把照片和视频发到网上给大家看,他们都很开心地笑了,还谢谢我们!(G3.3,男性)

舒服

被访者认为,在黄龙岘游览是一种舒适的体验,因为它的宜人气候、当地休闲的生活方式、良好的公共秩序和旅行环境、友好的人等。他们在当地感到很舒服。

我在黄龙岘感到舒适和愉快。我喜欢舒服的天气、自然环境和友好的当地居民。坐在游览车里吹吹山风真是太舒服了!黄龙岘到处都可以看到维护良好的草坪以及未受破坏的植被和森林。此外,我可以感觉到到处都是和平与和谐,真是个美丽的新农村。(G3.6,女性)

平静

一些被访者描述了他们在黄龙岘游览期间平静的情感反应。平静往往与放松和满足一起体验,并引发自我反思。如上所述,大多数被访者在黄龙岘游览时都感到放松。因此,受这种情感反应的影响,一些被访者同时体验了平静。例如,大片的绿色草坪和茶山,以及开阔的水面被提到是参与者内心平静的触发因素,这引起了他们对个人心理需求的反思。一位三十多岁的女性被访者回忆说:

当我在阳光灿烂的下午看着满眼绿色的茶山时,我感到了一种平静。水库和竹林,构成了一幅美丽的画卷。这是那种未被破坏的自然美。然而,我没有兴奋,而是被平静所淹没,这导致了我对生活的深刻思考和理解。似乎平日里觉得非常烦恼的一些事情,此刻想来,也没那么重要了。这种平静和放松,让我产生了一种满足感。(G1.6,女性,三十多岁)

安全

由于黄龙岘当地社会秩序良好,被访者在黄龙岘游览时普遍感到安全。景区有比较专业的讲解人员,很多游客认为,在这样的乡村里休闲游览,没有导游的陪伴也完全没问题。当地居民的友好也增加了被访者的安全感。例如,第三组的一名被访者说道:

这里民风淳朴,我们在这里用餐,也不用担心价格的问题。而且食材新鲜,让我们享用起来也非常放心。(G3.3)

这里的水质非常干净,食材新鲜,我们吃到的土菜味道非常鲜美,完全没有食

品安全方面的担忧。(G4.3，37岁女性)

消极的情感反应

一般来说，只有少数被访者在回顾性评估他们在黄龙岘旅游体验时描述了负面的情绪反应，这表明大多数被访者高度评价黄龙岘作为一个旅游目的地。他们承认，这些消极的情感反应主要是由于对这里的环境还不太熟悉。

枯燥

一般情况下，形成安排紧凑的旅游行程，不容易让游客产生枯燥的感受。但是乡村旅游的游览和休闲活动，都是以游客自己的行动为节奏的，因此，在欣赏美景的同时，如果没有比较丰富的娱乐活动安排，游客难免会产生有点无聊的想法。

如果我们来的时候正好不是采茶的季节，就找不到什么特别的活动了，感觉可以选择的有点少。环境是特别好，但是没有合适的娱乐，我们就不会考虑留下过夜啦。(G1.2，五十多岁的女性)

担心

大多数游客在黄龙岘游览时感到安全和和平，但是因为乡村旅游的活动范围通常比较开阔，且有山有水，有一些被访者因为对景区内的山路不太熟悉，会担心走路的安全问题，尤其是孩子的安全。

这山路有点窄，人多的时候比较拥挤，时常还有游览车开上来，需要很小心避开。小朋友很活泼，会到处跑，也要小心，尤其是在水边，担心他们会落水，因为水面特别大。有些娱乐设施的设计也需要改进一下，安全设施要注意细节。(G4.7，五十多岁的男性)

乡愁

乡愁的主观体验可以被概念化为一种自我报告的倾向，在与熟悉的环境分离的时候体验焦虑或不适。被访者提到了在饮食和住宿方面的乡愁。一方面，一些被访者表达了他们尝试当地美食和农家菜的强烈愿望，但他们也表示有时候和他们想象中的土菜不完全一样。另一方面，有些被访者在黄龙岘游览的时候，因为乡村的场景使他们想到了自己的家乡，而产生了思乡的愁绪。

这些菜虽然是农家菜，但是已经没有了我们小时候的味道了。来到这里真的让我有点想家了，怀念小时候在农村长大，怀念小时候家乡的青山绿水了。(G2.1，女性)

怀旧

怀旧是游客在游览过程中，因看到眼前的景象而产生的对过去的缅怀之情。

4 乡村旅游游客情感构建

本研究的定性阶段集中在以黄龙岘为案例的乡村旅游游客的情感反应,由他们在黄龙岘的旅游体验引起,并对丰富的定性数据进行分析,揭示了各种积极和消极的情感反应。研究结果还揭示了几种特定情感反应与现存的旅游者情感结构文献不一致之处(图5.1),从而丰富了乡村游客情感体验的研究内容。

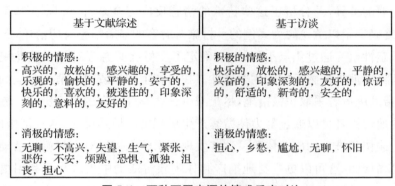

图 5.1　两种不同来源的情感反应对比

资料来源:图为课题组成员整理

从旅游文献综述中得出的一些情感反应体现在左栏中。Pearce,Packer[21]认为,消费情境产生的13种情感反应可以用来捕捉游客对不同体验的反应,包括快乐、满足、乐观、高兴、担心、沮丧、紧张、孤独、不满足、不满、恼怒、悲伤和沮丧。Kahneman等人[41]从旅游体验中发现了四种积极的影响(快乐、胜任/能力、温暖/友好和享受自己)和八种消极的情感(不耐烦、沮丧/讨厌、沮丧/忧郁、争吵/推搡、愤怒/生气、担心/焦虑、批评/沮丧和疲惫。以台湾老年人为研究样本,Jang等人[19]发现了一组突出的情感项目,包含了平静和快乐、兴奋、紧张、悲伤、不安和烦躁。Del Bosque 和 Martin[20]采用了四种积极的情感(高兴、陶醉、印象深刻和惊讶)和四种消极的情感(无聊、不高兴、失望和愤怒),这些情感是从以前的研究中提出的游客的情感反应。Yarnal 和 Kerstetter[42]对一次集体游轮体验的研究揭示了五种显著的情感反应:乐观、愉快、舒适、有趣和放松。

图 5.1 中所有基于访谈的情感反应都列在右栏中。通过对这两个来源的情感反应的比较,可以得出结论:两种积极的情感反应(安全和平静)和两种消极的情感反应(乡愁和怀旧)来源于焦点小组访谈,但与旅游文献不一致。下一步是研究这

些是否可以被视为乡村旅游游客普遍存在的显著情感反应。就提到同一情感项目的被访者数量而言,严格地说,一些反应不应该被概念化为情感反应,而应该是显著的情感反应。显著的情感反应是指在乡村旅游活动中最常见的反应,这可以从三个因素来验证,即提到特定情感反应的参与者数量、提到相应情感反应的次数以及与相应情感反应相关的旅游要素数量。

如图5.1所示,研究对基于访谈的情感反应与文献综述的对应情感反应进行了整理,以确定重叠的情感反应是大众游客共同的和突出的。然后,研究人员重点研究了主要的差异,并分析了这些特殊的情感反应完全来自FGDS。基于这两个步骤,最终确定了以黄龙岘为案例的乡村旅游游客的显著情感反应清单(图5.2)。

这项定性研究通过焦点小组访谈,确定了乡村旅游游客对其在黄龙岘的旅游体验的积极和消极情感反应的主要属性。找出产生积极或消极情感反应的根本原因,可以帮助决策者采取积极措施,尽量减少这些心理因素的负面影响。旅游经营者和目的地营销者可以通过努力使游客产生更积极的情感反应,减轻消极的反应,从而创造愉快和难忘的旅游体验。这些发现要求深入探讨对乡村旅游活动的情感反应的更多层面,这可以更广泛地推广到休闲旅游活动中去。并且利用更具代表性的样本,可以进行进一步的定量研究,分别证实游客的个性和游客满意度是游客情感反应的前因后果。

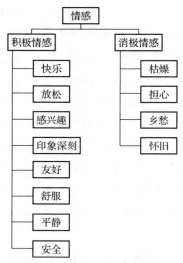

图 5.2 乡村旅游游客的显著情感反应清单

资料来源:图为作者整理

参考文献

[1] HOSANY S,PRAYAG G,VAN D V R,et al. Mediating effects of place attachment and satisfaction on the relationship between tourists' emotions and intention to recommend[J]. Journal of Travel Research,2017,56(8):1079-1093.

[2] NAWIJN J,MITAS O,LIN Y Q,et al. How do We feel on vacation? A closer look at how emotions change over the course of a trip[J]. Journal of Travel Research,2013,52(2):265-274.

[3] PRAYAG G,HOSANY S,MUSKAT B,et al. Understanding the relationships between tourists' emotional experiences,perceived overall image,satisfaction,and intention to recommend[J]. Journal of Travel Research,2017,56(1):41-54.

[4] COHEN J B,ARENI C S. Affect and Consumer Behavior[M]. [S. l.]:Handbook of Consumer Behaviour,1991.

[5] FARBER M E,HALL T E. Emotion and environment:Visitors' extraordinary experiences along the dalton highway in Alaska[J]. Journal of Leisure Research,2007,39(2):248-270.

[6] HOSANY S,GILBERT D. Measuring tourists' emotional experiences toward hedonic holiday destinations[J]. Journal of Travel Research,2010,49(4):513-526.

[7] BEEDIE C,TERRY P,LANE A. Distinctions between emotion and mood[J]. Cognition and Emotion,2005,19(6):847-878.

[8] PEARCE P L. The study of tourism:Foundations from psychology[M]. Bingley,UK:Emerald Group Publishing,2011.

[9] DIENER E. Subjective well-being:The science of happiness and a proposal for a national index[J]. The American Psychologist,2000,55(1):34-43.

[10] MEHRABIAN A,RUSSELL J A. An approach to environmental psychology[M]. Cambridge:MIT Press,1974.

[11] IZARD C E. Human Emotions[M]. New York:Plenum Press,1977.

[12] CAMRAS L,PLUTCHIK R. Emotion:A psychoevolutionary synthesis[J]. The American Journal of Psychology,1980,93(4):751.

[13] WATSON D, CLARK L A, TELLEGEN A. Development and validation of brief measures of positive and negative affect: the PANAS scales[J]. Journal of Personality and Social Psychology, 1988, 54(6): 1063-1070.

[14] LEE J J, KYLE G T. The measurement of emotions elicited within festival contexts: A psychometric test of a festival consumption emotions (FCE) scale[J]. Tourism Analysis, 2013, 18(6): 635-649.

[15] RICHINS M L. Measuring emotions in the consumption experience[J]. Journal of Consumer Research, 1997, 24(2): 127-146.

[16] HOSANY S, Gilbert D. Measuring tourists' emotional experiences toward hedonic holiday destinations[J]. Journal of Travel Research, 2010, 49(4): 513-526.

[17] ZINS A H. Consumption emotions, experience quality and satisfaction[J]. Journal of Travel & Tourism Marketing, 2002, 12(2/3): 3-18.

[18] BARNETT L A. Accounting for leisure preferences from within: The relative contributions of gender, race or ethnicity, personality, affective style, and motivational orientation[J]. Journal of Leisure Research, 2006, 38(4): 445-474.

[19] JANG S S, BAI B, HU C, et al. Affect, travel motivation, and travel intention: a senior market[J]. Journal of Hospitality & Tourism Research, 2009, 33(1): 51-73.

[20] DEL BOSQUE I R, MARTIN H S. Tourist satisfaction a cognitive-affective model[J]. Annals of Tourism Research, 2008, 35(2): 551-573.

[21] PEARCE P L, PACKER J. Minds on the move: New links from psychology to tourism[J]. Annals of Tourism Research, 2013, 40(1): 386-411.

[22] KWORTNIK R J, ROSS W T. The role of positive emotions in experiential decisions[J]. International Journal of Research in Marketing, 2007, 24(4): 324-335.

[23] MULLER T E, TSE D K, VENKATASUBRAMANIAM R. Post-consumption emotions: exploring their emergence and determinants[J]. Journal of Consumer Satisfaction, Dissatisfaction and Complaining Behaviour, 1991(4): 13-20.

[24] GRAPPI S, MONTANARI F. The role of social identification and hedonism

in affecting tourist re-patronizingbehaviours: the case of an Italian festival [J]. Tourism Management,2011,32(5): 1128-1140.

[25] BIGNÉ J E, ANDREU L. Emotions in segmentation: An empirical study [J]. Annals of Tourism Research,2004,31(3): 682-696.

[26] LEE Y K,LEE C K,LEE S K, et al. Festivalscapes and patrons' emotions, satisfaction, and loyalty[J]. Journal of Business Research,2008,61(1): 56-64.

[27] YÜKSEL A. Tourist shopping habitat: Effects on emotions, shopping value andbehaviours[J]. Tourism Management,2007,28(1): 58-69.

[28] HAN H,JEONG C. Multi-dimensions of patrons' emotional experiences in upscale restaurants and their role in loyalty formation: Emotion scale improvement [J]. International Journal of Hospitality Management,2013(32): 59-70.

[29] MA J Y,GAO J,SCOTT N, et al. Customer delight from theme park experiences: The antecedents of delight based on cognitive appraisal theory[J]. Annals of Tourism Research,2013(42): 359-381.

[30] NAWIJN J,MITAS O,LIN Y Q, et al. How do we feel on vacation? A closer look at how emotions change over the course of a trip[J]. Journal of Travel Research,2013,52(2): 265-274.

[31] FAULLANT R,MATZLER K,MOORADIAN T A. Personality, basic emotions, and satisfaction: Primary emotions in the mountaineering experience [J]. Tourism Management,2011,32(6):1423-1430.

[32] BIGNÉ J E,ANDREU L,GNOTH J. The theme park experience: An analysis of pleasure, arousal and satisfaction[J]. Tourism Management,2005,26 (6): 833-844.

[33] YÜKSEL A,AKGÜL O. Postcards as affective image makers: An idle agent in destination marketing[J]. Tourism Management,2007,28(3): 714-725.

[34] TUNG V W S,RITCHIE J R B. Exploring the essence of memorable tourism experiences[J]. Annals of Tourism Research,2011,38(4): 1367-1386.

[35] COGHLAN A,PEARCE P. Tracking affective components of satisfaction [J]. Tourism and Hospitality Research,2010,10(1):42-58.

[36] PEARCE P L. The experience of visiting home and familiar places[J]. Annals of Tourism Research,2012,39(2): 1024-1047.

[37] COHEN E,COHEN S A. Current sociological theories and issues in tourism [J]. Annals of Tourism Research,2012,39(4):2177-2202.

[38] TSE T S M,ZHANG E Y. Analysis of blogs and microblogs: A case study of Chinese bloggerssharing their Hong Kong travel experiences[J]. Asia Pacific Journal of Tourism Research,2013,18(4):314-329.

[39] FREDRICKSON B L. The role of positive emotions in positive psychology: The broaden-and-build theory of posibive emotions[J]. American Psychologist,2001,56(3):218-226.

[40] PEARCE P L. The relationship between positive psychology and tourist behavior studies[J]. Tourism Analysis,2009,14(1):37-48.

[41] KAHNEMAN D,KRUEGER A B,SCHKADE D A,et al. A survey method for characterizing daily life experience: The day reconstruction method[J]. Science,2004,306(5702):1776-1780.

[42] YARNAL C M,KERSTETTER D. Casting off[J]. Journal of Travel Research,2005,43(4):368-379.

第六章
旅游者幸福感

引言

　　人类一切活动最终的目的都是为了获得幸福,随着社会经济和文化发展水平的不断提高,经济繁荣的背后,快节奏带来的精神焦虑、自我束缚和生存压力,导致现代社会幸福感的缺失[1]。人们越来越意识到幸福感对国家和社会发展的重要性。在大众休闲时代,居于"五大幸福产业"之首的旅游业对改善大众生存条件、提升幸福感至关重要,旅游领域幸福感的研究也开始受到学者的关注。旅游者幸福感的研究开始于 Lounsbury、Hoopes(1986)有关生活满意度的研究[2],自此之后,出现了众多旅游者幸福感研究的成果。然而,旅游者幸福感的研究往往以哲学、心理学等学科领域的相关研究为依托,在借用的过程中,由于不同的学科背景的差异以及部分学者的理解偏差[3-4],使得学者们使用不同的术语来描述旅游者幸福感,如生活满意度(Life satisfaction)、生活质量(Quality of life)、幸福感(Happiness,Well-being)、主观幸福感(Subjective well-being)、心理幸福感(Psychological well-being)、享乐主义幸福感(Hedonic well-being)、实现主义幸福感(Eudaimonic well-being)等,这些术语的相互使用加深了学者开展旅游者幸福感研究的困难。另一方面,目前的旅游者幸福感的文献主要集中在国外,国内学者在旅游者幸福感方面的研究极为匮乏。因此,本文旨在对现有的旅游者幸福感研究的中英文文献进行全面的回顾,了解旅游者幸福感研究的现状及最新的研究进展,以期对国内的旅游者幸福感研究提供借鉴和参考。

1 文献来源

本研究以"subjective well-being""psychological well-being""well-being""happiness""happy""life satisfaction""quality of life""hedonic well-being""eudaimonic well-being""主观幸福感""心理幸福感""幸福感""生活满意度""生活质量"和"tourism""tourist""旅游""游客"为联合搜索关键词,搜索 Elsevier、Web of Science、Taylor、中国知网 CSSCI 数据库和百度文库,并在文献阅读过程中通过滚雪球的方式寻找其他相关文献。随后剔除包含目的地居民、产业等视角的幸福感研究,截至 2020 年 10 月 31 日,共得到外文文献 168 篇,中文文献 26 篇。

从发文数量来看(图 6.1),国外旅游者幸福感的研究主要在 2010 年之后文献开始逐步增长,近两年是文献增长的爆发时期,尽管研究对 2020 年的统计不完整,但 2020 年的发文量已经超过 2019 年。国内学者对游客幸福感的研究关注相对较晚,仅找到 CSSCI 期刊 26 篇(包含 4 篇笔谈),2011 年以后才开始有相应的成果,2019 年当年有 8 篇文献(包含 3 篇笔谈),整体来看中文文献的发文量增长较为缓慢,仍存在很大的发展空间。从发文的期刊来看(表 6.1),其中中文文献一半发表在旅游学刊上;英文期刊发表篇数大于 10 篇的期刊为 Annals of Tourism Research、Tourism Management、Journal of Travel Research、Journal of Travel & Tourism Marketing。结合 2019 年期刊的影响因子可以发现,发表篇数大于 10 篇

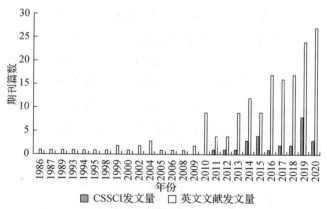

图 6.1 旅游者幸福感研究年度发文量变化趋势

资料来源:依据研究搜集文献的年度发文量整理得出

的期刊均为旅游类知名期刊。其中 Tourism Analysis 不属于 SSCI 期刊,没有期刊的影响因子,但旅游者幸福感研究的代表性学者 Pearce、Kim、Fliep 在旅游领域幸福感研究初期在该期刊投稿过文献,并被引用。

通过对文献的逐一阅读,本文从幸福感的起源及发展、基础理论、概念内涵、旅游与幸福感、影响因素、测量等方面梳理了旅游者幸福感的研究现状,并进行了述评与展望。

表 6.1　旅游者幸福感研究发表篇数 3 篇及以上期刊

序号	期刊名称	篇数	影响因子
1	Annals of Tourism Research	22	5.908
2	Tourism Management	16	7.432
3	Journal of Travel Research	15	7.027
4	旅游学刊 Tourism Tribune	13	3.632
5	Journal of Travel & Tourism Marketing	11	4.097
6	International Journal of Tourism Research	8	2.585
7	Journal of Sustainable Tourism	7	3.986
8	Applied Research in Quality of Life	6	1.683
9	Current Issues in Tourism	6	4.147
10	Journal of Happiness Studies	6	2.344
11	Journal of Hospitality & Tourism Research	5	3.816
12	Tourism Analysis	4	—
13	Asia Pacific Journal of Tourism Research	3	2.017
14	International Journal of Environmental Research and Public Health	3	2.849
15	Leisure Studies	3	2.349
16	Tourism Management Perspectives	3	3.648

注:其中 Tourism Analysis 为非 SSCI 期刊,无影响因子

资料来源:依据研究搜集文献的期刊发文篇数整理得出

2　幸福感研究的起源及脉络梳理

两千多年前的古希腊时期,苏格拉底提出了西方古代伦理学的核心问题"人应

该如何生活",开启了先哲们对幸福感研究的探讨,整体上看,这种争论可以归结为两个学派:享乐论(Hedonic)和实现论(Eudaimonic)[5]。昔兰尼学派提出以"快乐就是幸福"为核心命题的享乐论,其代表人物伊壁鸠鲁认为"幸福是我们天生的善,我们的一切取舍都从快乐出发,我们的最终目的仍是得到快乐"。在享乐论看来,真正的快乐是"身体上的无痛苦和灵魂上的无纷扰"[6]。伦理学中享乐论的发展在19世纪中期已经相对成熟,享乐思想的集大成者边沁创立功利主义享乐论的思想,认为幸福是提升快乐和避免痛苦,追求最多数人的最大幸福[7]。密尔对边沁的观点做了进一步的补充和完善,强调道德、利益和幸福的一致性,高质量的快乐应该是高于肉体快乐的精神上(如:智力、道德和审美)的快乐[8]。至此,基本完成了哲学领域中享乐论的基础研究。尽管享乐的思想是现代幸福感研究的主流,但许多哲学家认为以享乐代替幸福是非常片面的,这使得实现主义幸福感得到发展。在实现论看来,幸福是客观的,是不以自己的主观意志转移的自我完善、自我实现、自我成就、自我潜能的完美实现。亚里士多德认为享乐主义的快乐是一种庸俗的思想,提出"至善就是幸福",幸福在于追求以理性为主导的目标,是合乎德性的实现活动[9]。实现主义幸福感本质上与人潜能的充分发挥有关,关注有意义有价值的行为。与享乐论寻求体验提供即时的幸福感相比,实现主义幸福感也可能来自当时不愉快但具有延迟积极影响的活动。

　　享乐论和实现论的发展为幸福感研究提供了理论渊源,20世纪中期,有关幸福的争论由哲学转移到心理学[10],产生了由享乐论发展而来的主观幸福感(Subjective Well-Being,SWB)和由实现论发展而来的心理幸福感(Psychological well-being,PWB)两大研究方向。最初心理学领域主观幸福感被定义为欢乐与喜悦的短暂情绪(transitory moods of "gaiety and elation"),反映了人们对当前事件状态的感受,或是被视为积极情绪超过消极情绪的程度(seen as the extent to which positive feelings outweigh the negative)[11]。整体来看关注主观幸福感的情感要素,忽视了对人们的整体生活[12]。Campbell提出生活满意度的概念,并测量了可能影响生活满意度的各种特征[13]。Diener是将这两者整合的先驱之一,认为主观幸福感是对生活满意度和个体情绪状态的一种综合评价,并进一步指出其概念化的三个特征,包括个体的主观感受、采用积极而非消极的测量标准和对个人整体生活领域的评价[14]。心理幸福感研究的学者认为幸福感的研究不仅包括享乐成分,还应关注个人层面的幸福感结果,如自我实现、人类发展、个人目标、美德以及个人充分发挥功能的程度相关[5,15-17]。Waterman将自我实现作为心理幸福感的核心要素,认为幸福是充分识别和发挥个人的潜能的活动[15];Ryff 等提出了心理幸福感的六个维度:自我接受、积极关系、自主、情境把握、生活目的和个人成长[18];Ryan 和 Deci 系统总结了主观幸福感和心理幸福感研究范式,提出了包含自主、能力和关系需要的心理幸福感的著名理论——自我决定论(Self-Decision Theory,SDT)[17]。现代幸福感研究逐渐走向成熟,从早期的简单描述转向到对幸福本质的全面、深入探讨。现代幸福感研究的重大进展是真实幸福感的提出[3]。Seligman 整合了主观幸福感和心理幸福感研究的相关要素,提出偏向实现主义的真实幸福感的概念。真实幸福感强调幸福感不仅包括享乐等愉悦生活的情感成分,同时还有通过体验参与获得的美好体验及意义[19]。在这个概念中,Seligman 区分了愉悦的生活、美好的生活和有意义的生活,试图解释什么是真正的幸福,以及这三种生活对幸福感的贡献程度,研究结果表明,与幸福感相关的美好生活和有意义的生活比愉悦的生活更能带来满足感[19-20]。整体上看,幸福感在这些领域的研究为旅游幸福感提供了研究思路,促进了旅游幸福感研究的发展。

3 旅游者幸福感研究回顾

3.1 旅游者幸福感研究的基础理论

理论是研究的核心内核,指导研究过程的开展。已有的旅游者幸福感的基础理论主要有目标理论(Goal Theory)、自我决定理论(Self-Decision Theory,SDT)、心流理论(Flow Theory)、PERMA 模型和溢出理论(Spillover Theory)等。

目标理论在旅游领域的研究主要存在于研究的初期,应用于有关生活满意度的研究[21],目标理论认为,当个人朝着实现有价值目标的理想状态前进时,他们就获得了生活满足[22]。即如果游客选择具有较高的积极价值和期望值休闲旅游目标,并参与有助于个人体验目标实现的旅游活动时,他们就可以体验到更高水平的主观幸福感[23]。

自我决定理论是实现主义幸福感的典型理论,Deci 和 Ryan 将幸福感与人的三种普遍的内在心理需求联系在一起,即能力(competence)需要、自主(autonomy)需要和关系(relatedness)需要,其中能力与自我效能(self-efficacy)有关,通过利用个人能力有效地完成活动;自主与意志和选择的自由有关,可以伴随着任何行为;最后关系代表着一种归属感和与他人的联系[16,24]。自我决定理论认为这三种心理需求的满足对心理成长、发展和心理健康至关重要,例如:Thal 在研究健康旅游体验和心理幸福感时指出,健康设施会影响游客的自主、能力和关系的需求,从而增强他们的活力和幸福感[25];Amato、Lundberg等研究了心理需求与幸福感之间的关系,认为能力、自主和关系三种心理需要与幸福感之间存在正相关关系[26];Buzinde将民族志的数据与自我决定理论和幸福感联系起来,对精神旅游(spiritual tourism)特别是瑜伽精修环境中幸福感的表征进行探讨,认为三种心理需求共同解释了幸福感和休闲行为的结果[27]。

幸福与人类的最佳体验有关,心流理论在旅游者幸福感研究中使用频率相对较多[28]。心流理论最早由美国心理学家Csikszentmihalyi在1975年提出,其中心论点是:当个体全身心参与到自己喜爱的活动中时,他们会经历一种难以言喻的喜悦,即"心流(flow)",这种意识状态包括享乐和实现主义幸福[29-30]。心流理论被应用到与急速漂流、在线旅游购物、冒险旅游、山地旅游、冲浪活动等背景下[28,31],主要探讨旅游体验、心流以及幸福感之间的关系,例如:Cheng和Lu[32]、Tsaur和Yen等[33]、张圆刚和黄业坚等[34]等在不同旅游情境中指出心流体验促进旅游者幸福感。

Seligman在积累了有关享乐主义和实现主义幸福感相关知识的基础上,结合心流理论,提出幸福感研究的PERMA模型,包含积极的情绪(Positive emotion,P)、投入(Engagement,E)、关系(Relationship,R)、意义(Meaning,M)、成就(Achievement,A)五个维度[35]。其中积极情绪的作用在一系列研究中得到验证;投入是心流理论的重要观点;关系表示幸福感的社会方面,包括社会关系、社会网络、社会支持等;意义代表着对生活有方向感和有价值感;成就与掌握、自主、有效、完成任务和达成目标等概念有关[36-37]。由此可知PERMA模型可以详细地描述旅游活动所导致的心理激励的各个方面,没有一个维度可以孤立地定义幸福,该模型能够更好地理解旅游者的情绪状态,以及解释旅游体验对游客幸福感的意义、成就和关系等更持久的影响[38-39]。PERMA模型包含了幸福感研究的享乐和实现主义维度,旅游体验产生的幸福感效应与PERMA模型的多个维度密切对应。Filep和Pearce研究指出PERMA类似于旅游体验的各种结果,将幸福感放在一个更广泛的背景下研究,对于旅游业的价值是巨大的[40]。近几年,PERMA模型在旅游研究中的探讨越来越多,如:Laing、Frost将该模型应用于研究女性游客在意大利旅游体验的叙述,指出PERMA模型是深入了解游客幸福感的有价值的工具[36];Pourfakhimi、Nadim等以PERMA为理论视角,分析了不愿尝试新食物和持续参与对旅游者感知真实食物体验对其幸福感的影响[41]。他们的研究证实了PERMA模型在旅游体验研究中的适用性。

溢出理论主要包括自上而下的溢出理论(Top-Down Spillover Theory)和自下而上的溢出理论(Bottom-Up Spillover Theory)，旅游者幸福感研究中主要使用自下而上的溢出理论。自下而上的溢出理论解释了休闲和旅游满意度提高整体生活满意度的机制,该理论认为总体生活满意度是由人们对其主要生活领域的满意度决定,在这个层级结构中,总体生活满意度被认为是满意度层级的最顶端。例如,整体生活满意度受家庭、社交、休闲、娱乐、健康、工作、财务、旅行等满意度的影响,即对某一特定生活领域的满意度会受到该领域较低层次满意度的影响[42-45]。Sirgy等基于该理论开发了描述休闲旅游体验如何影响游客生活满意度的模型[42]；Kim、Woo等的研究表明,对休闲活动的满意度以及对家庭、健康和情绪状态的满意度,可以提高整体生活满意度[46]。Chen和Li基于溢出理论,建立了目的地旅游的幸福模型,研究指出目的地形象与生活满意度、幸福感、积极和消极情绪呈正相关[47]。此外,溢出理论在目的地居民幸福感的研究中也有应用[48-50]。

除此之外,设定点理论(Set Point Theory)、情绪调节理论(Emotion Regulation Theory)、DRAMMA模型等理论也出现在旅游者幸福感的研究中。设定点理论认为,随着游客离开家前往旅游目的地,幸福感从旅行前上升到旅行中峰值,随着游客返回家并逐渐恢复日常生活,幸福感从旅行中峰值下降到旅行后的趋于平稳[51]。Gao、Kerstetter指出情绪调节是旅游者为使旅游体验的积极效果最大化而进行的一种心理干预,游客可以通过下调负面情绪或者是上调积极情绪,研究探讨了游客在度假期间所使用的情绪调节策略,有助于更细致地理解情绪及其后果(幸福感)[52]。DRAMMA模型由Newman、Tay等(2014)开发,通过超然-恢复(Detachment-Recovery,DR)、自主(Autonomy,A)、掌握(Mastery,M)、意义(Meaning,M)和归属感(Affiliation,A)这五个维度来测量幸福感[53]。通过以上梳理,可以发现这些理论主要来源于心理学领域,偏向于从主观层面剖析游客幸福感的机制。然而,已有的理论研究成果多来自西方的学者,国内学者对幸福感研究理论层面的关注仍不够。

3.2　旅游者幸福感的概念内涵

幸福是一种无形的、复杂的社会学现象。目前旅游者生活质量、生活满意度、主观幸福感、心理幸福感等概念在研究中交替使用,存在混淆与模糊[3-4]。但从整体上看,主要包括以享乐论为指导的享乐主义幸福感和以实现论为指导的实现主义幸福感维度上的概念内涵(表6.2)。

表 6.2　旅游者幸福感的概念内涵及研究术语

分类	作者(时间)	概念内涵	研究术语
享乐主义幸福感	Veenhoven 等(1991)[56]	个人以一种有利的方式对其整体生活质量的评价	Happiness
	Diener(1994)[14]	个人对自己生活的认知和情感评价	Subjective well-being
	Dodge(2012)[57]	个体拥有满足特定心理、社会和物质挑战所需的心理、社会和物质资源	Well-being
	Su 等(2015)[58]	旅游者对其自身生活满意度程度的评价	Subjective well-being
	Kim、Woo 等(2015)[46]	个人生活领域内的满意度和整体生活质量	Quality of life
	Rahmani 等(2017)[59]	旅游者在目的地的体验产出	Subjective well-being
实现主义幸福感	Voigt 等(2010)[62]	旅游者在参与活动时所期望的实现的心理状态	Wellness
	亢雄(2011)[6]	旅游者在旅游过程中因体验产生的积极情感,包括主体需求的满足以及参与并沉浸于旅游活动之中	旅游幸福
	Filep(2014)[40]	旅游者体验积极情绪(如爱、兴趣、快乐、满足)时的一种状态,并从旅游活动中获得意义	Tourists' happiness
	Huta、Waterman(2014)[55]	一种反映美德、卓越、内在最佳、充分发挥潜能的活动	Well-being
	妥艳媜(2015)[63]	个体在旅游过程中体验到的,包括情感、体能、智力以及精神达到某个特定水平而产生的美好感觉,以及由此形成的深度认知	旅游者幸福感
	张晓等(2020)[61]	旅游者在非惯常环境中对其体验到的外在和内在认知反省后获得的积极的、稳定的、综合的心理状态	旅游者幸福感

资料来源:依据文献整理得出

在旅游研究中,幸福感的概念化更符合享乐主义幸福感的维度,与愉悦、快乐和享受相关[54-55]。在享乐论的基础上,旅游者幸福感的概念界定多直接借用心理学领域主观幸福感的相关成果,如 Veenhoven 等[56]、Diener[14]、Dodge[57]的定义的使用。Diener 将主观幸福感划分为认知成分和情感成分,并概念化为高生活满意度、高积极情绪和低消极情绪的函数[14],其中生活满意度是在需求得到满足和目标实现之后的个体主观评估过程的结果[21]。Dodge 的定义类似于 Flow 的状态,是个人拥有的技能和活动所带来的各种挑战之间的平衡,从而产生强烈的享受和愉悦感[36]。除此之外,Kim 和 Woo 等[46]、Su 等[58]、Rahmani 等[59]的旅游背景下旅游幸福感的定义也均属于享乐主义幸福感的范畴。整体上看,享乐主义幸福感的研究更为普遍。

然而将幸福感的概念局限在享乐维度上,并不能捕捉到与旅游活动相关的各种心理回报上,忽视了幸福感的意义方面,要想对游客体验的积极心理有更全面的认知,需要将幸福感的非享乐维度考虑在内[20,60]。这种研究导向始于 2010 年左右,旅游学者开始对主观幸福感概念的局限进行反思与批判,逐渐转向旅游者实现主义幸福感的探索[3,61]。在实现主义维度上,幸福感的概念内涵主要关注意义与人的自我成长和自我实现有关。Voigt[62]、亢雄[6]、Filep[40]、Huta 和 Waterman[55]、妥艳媜[63]、张晓等[61]对概念的界定均偏向于实现主义幸福感。如:Fielp 在 Seligman 真实幸福感的研究上,提出旅游者幸福感的积极情感、投入和意义方面,指出是一种在预期、现场和反思性旅行阶段所体验到的一种心理满足感和幸福状态[20,64];Huta、Waterman 区分了实现主义和享乐主义幸福感,认为幸福感包括四个维度,即成长、真实、意义和卓越,并界定了幸福感的概念内涵[55]。

3.3 旅游与旅游者幸福感

一直以来,旅游都是人们逃避日常生活、寻求休息、放松的重要途径。游客可以从世俗、快节奏的日常生活中放松,人们越来越多地参与旅游休闲活动,并期望通过旅游体验来提升自己的幸福感。早在 1986 年 Hoopes 和 Lounsbury 就指出度假对旅游者生活满意度的影响[2],至今已有大量的研究指出旅游体验对旅游者幸福感的积极影响。一方面,享乐作为幸福感的愉悦方面,与旅游者的情感有关,被认为是拥有更多的愉悦、乐趣、享受、快乐以及更少的负面情绪和生活满意度[65]。旅游体验可能会影响生活不同领域的满意度,基于溢出理论,个体在一个领域的情绪和行为可以转移到其他领域,即旅游体验产生的积极和消极影响对其他生活领域(如社会生活、休闲娱乐生活、家庭生活、工作生活等)和总体生活满意度产生影响[42,66]。参与旅游活动可以使得游客放松、脱离工作。Gilbert、Abdullah 对幸福感的研究[54]、Nawijn 对生活满意度的研究[67]、Dolnicar 和 Cliff 对生活质量的研究[68]均指出积极的旅游对游客幸福感的促进作用。然而,旅游活动对享乐主义幸福感的影响并不是研究的唯一真谛。近年来,旅游者幸福感的研究开始进行实现主义幸福感的探索[3]。实现主义幸福感更多地关注个体成长、自我实现、人生意义等[33,63]。例如:Matteucci 和 Filep 研究指出游客在弗拉门戈的旅游体验给游客带来的幸福感主要体现在自我实现、自我满足、真实的自我等实现主义幸福感的维度上[69];Rahmani 基于网络文本的主题分析,提炼出旅游体验对旅游者幸福感的意义模式,指出旅游体验影响游客的享乐和实现主义幸福感[65]。总体来看,虽然研究多关注旅游对基于享乐主义的主观幸福感的影响,但追求享乐和实现主义幸福比单独追求两者更幸福[5],游客在目的地所体验的最大幸福,是享乐和实现主义幸福感共存的状态[65]。

Pearce、Filep 等从旅游体验的三个关键阶段:预期、现场和反思建构了旅游者的幸福感[70];张天问、吴明远指出旅游者幸福感包括旅游前的美好期待、旅游中的福乐体验和旅游后的温馨回忆[71];高杨、白凯表明赴藏旅游者的幸福感具有历时性特征,遵循"游前神往-游中沉浸-游后反思"的基本逻辑动态变化[1]。一些研究阐述了不同时间阶段旅游体验对幸福感的影响[67,71],旅游体验不仅包括旅游过程中的幸福感,同样还有旅行前的期待和旅行后的回忆,这三个阶段对应游客在旅游过程中的三种幸福体验,即幸福期待、幸福体验和幸福的沉浸与转化[72]。

在出游前,对旅游的规划和预期可以显著提升游客的幸福感,此时旅游者幸福感强度相对较低,但会随着旅游时间的临近而逐渐强烈[1,42]。张天问、吴明远指出旅游前的幸福期待是"寻找和体验旅游幸福感"的轻快前奏,在制订旅游计划的时候,旅游者就在憧憬旅游过程中的体验[71];Kwon、Lee 的研究同样指出旅行前旅游者的幸福感显著上升趋势[73]。旅游过程中,旅游者的幸福感随着体验的变化而变化,当目的地的景观、体验符合游客偏好时,其幸福感会增强。反之,游客幸福感回落甚至消失。例如,Mayer、Machado 等研究了旅行过程中的体验如何影响游客的幸福感,分析了幸福感是如何随着体验的变化而波动[74]。Gao、Kerstetter 研究了游客在旅游过程中情绪调节策略的使用对幸福感的影响,指出人际关系、情境和个人情感中向上的情绪调节会使游客更幸福[52]。在旅行后,根据设定点理论和自上而下的溢出理论,旅游者旅游过程中的记忆不会立刻消失,而是随着旅游者逐渐回归日常生活,旅游者产生享乐适应,溢出效应逐渐淡化,旅游对旅游者的积极影响逐渐趋于平稳[51,73,75-77]。研究者使用纵向研究数据测量旅游过程中幸福感的变化趋势及持续效应,如:Nawijn 发现度假对幸福的影响是短暂的,主要通过假期中的积极情感体验影响幸福感,虽然短期内假期可以满足归属感、独立、自由的需要,但长期来看,度假对幸福感的影响很小,甚至没有影响[51,67];Chen、Lehto 等指出旅游者的幸福感可以在旅游后持续两个月左右[78];Su、Tang 等全面地考虑了享乐和实现主义幸福感,指出虽然旅游后游客的幸福感呈下降趋势,但实现主义幸福感的持续时间更久[75]。

实际上,在研究过程中,很少有学者只考虑旅游幸福感的单一时间维度,学者们选择使用定性（多为国内学者）或是纵截面数据探讨旅游者幸福感的时间维度。国内学者张天问、吴明远[71]和高杨、白凯等[1]基于互联网用户生成内容，分析了旅游者幸福感的时间结构。在西方的研究中，早在旅游者幸福感的研究之初，学者们就采用纵向问卷的形式探讨了旅游前后幸福感的差异，指出旅游对幸福感的促进作用，如：Neal 和 Sirgy 等[45]、Gilbert 和 Abdullah[54]、Nawijn[67]的研究。相比于早期的研究，近年来学者的研究更为全面，如：Kwon、Lee 通过对韩国游客的纵向测量数据分析，发现游客的生活满意度和情感在旅行前15天上升，并能够在旅行后持续一个月左右[73]。Su、Tang 等同样研究指出旅游者幸福感在旅游过程中符合"先升后降"的变化趋势，但游客获得的实现主义幸福感更高，在这一过程中，游客获得了个人成长、自我实现甚至是生活意义，旅游过后，实现主义幸福感的变化强度相对较低[75]。类似的研究成果丰富了旅游者幸福感的在旅游时间维度的变化机制。

3.4　旅游者幸福感的影响因素

作为旅游者幸福感研究的关键变量，游客幸福感的产生受到多个因素的影响。通过梳理文献发现，旅游者幸福感的影响因素大致包括：性别、年龄、收入等人口统计变量以及将旅游活动作为自变量，探讨与旅游体验相关的客观和主观因素对旅游者幸福感的影响。其中，人口统计变量类影响因素主要沿用心理学领域的研究，已有的研究成果中，性别因素集中在女性旅游者[36,79-82]；年龄因素集中在老年人和大学生群体[46,66,81,83-84]；社会旅游是收入因素主要探讨的旅游群体[85-86]。而第二类影响因素更为关注旅游背景下旅游者幸福感的影响机制，这类导向成果更为丰富，本研究将主要针对这一类影响因素展开讨论（表6.3）。

3.4.1　旅游体验相关的客观影响因素

旅游体验相关的客观影响因素主要包括旅游服务[47,58,87-88]、旅游持续时间[45,80,87,89-91]、旅游频率[92-93]及旅游活动类型[62,75,94-96]等。旅游服务作为幸福感的影响因素的研究主要以主观幸福感为载体，强调旅游服务（如：服务质量、服务公平）对主观幸福感的促进作用[58,87-88]。旅游持续时间、旅游频率在研究中往往被当作调节变量来分析，且不同学者的研究结论存在差异。在旅游持续时间这一变量中，一方面 Neal 认为游客的休闲时间越长，越有可能获得更高的生活质量[45,87]。另一方面，一些学者的研究指出旅游持续时间对幸福感并无显著影响[89-91]，例如，Chen 和 Petrick[90]、Chen 和 Zou 等[89]以效应恢复理论、资源保护理论为基础，将其应用在假期对人们日常压力的恢复机制中。Chen 和 Petrick 研究认为，无论是周末度假还是更长时间的旅行都可以帮助人们从工作压力中恢复过来[90];Chen 和 Zou 等指出旅游时间的长短对旅游者幸福感无显著影响,但会以不同的方式促进该恢复机制,在短时间的旅行中,放松可以预测生活满意度,而长时间的旅行则通过掌握(Mastery)和超然(Detachment)来获得更高的生活满意度[89]。同样,关于旅游频率作为旅游者幸福感影响因素的研究中,Mirehie、Gibson 认为旅游频率涉及旅游对幸福感的叠加作用,重复的旅游活动与较高的幸福感相关,且这种幸福感的持续时间更长[80];而 Vada、Prentice 等研究却表明,旅游频率并不会显著影响享乐和实现主义幸福感[93]。本研究认为,造成这一矛盾结论的原因可能有两个方面,首先,学者们研究的旅游情境不同,在目的地的选择、研究群体、旨在解决的问题等各方面存在差异。其次,旅游者幸福感仍处于研究初期,缺乏相应的研究范式,由于幸福感概念的模糊,不同学者对幸福感的理解存在差异。可能导致不同的研究之间无法形成可比较性。

除此之外,旅游活动类型被认为是影响旅游者幸福感的关键因素,游客所选择的活动类型在很大程度上影响了游客的幸福感[75,97-98]。观光旅游和美容疗养等放松类型旅游活动能促进享乐主义幸福感[63]。例如:张圆刚、黄业坚等指出在乡村旅游过程中,游客亲近、享受自然,能够缓解日常生活中的各类压力,从而得到放松和身心愉悦[34];Voigt、Howat 等分析了美容 Spa、旅游度假和精神旅游活动类型,指出它们可以在享乐主义幸福感到实现主义幸福感这一连续体上表现出来,其中美容 Spa 活动几乎完全属于享乐主义幸福[62]。另一方面,冒险、志愿旅游、慈善旅游、贫民窟旅游、黑色旅游这些旅游活动更能促进实现主义幸福感,单纯的享乐维度无法理解其中的意义成分。旅游者参与志愿者活动、慈善旅游的目的是通过积极主动地去做一些有意义的事情来促进自我发展、自我实现[95]。类似的,在贫民窟、黑色旅游情境中,旅游者可能会表现出消极情感,但更重要的是游客会通过感受他者的苦难去思考人生的意义,对当下自己的处境感到感激,从而感受到幸福[94,99-100]。即幸福感的两个维度各有其活动类型的偏好。

3.4.2 旅游体验相关的主观影响因素

旅游活动相关的主观影响因素是目前旅游者幸福感研究的热点话题,具体的影响因素大致有参与、体验、关系(或者互动)、满意度、能力、自主、意义、掌握等。研究基于享乐主义幸福感、实现主义幸福感以及两者结合的视角对具体的影响因素进行详细的讨论。基于享乐主义的主观幸福感视角下的研究关注游客在目的地的情感体验,认为游客在目的地较高的参与程度、体验状态、互动质量、满意度等均会促进旅游者的幸福感。如：Wei、Milman认为老年游客的活动参与程度与心理健康水平显著相关[102]；Cheng、Lu探讨了冲浪旅游者休闲参与、流动体验和幸福感之间的关系，认为高参与度也会使得冲浪者获得较高水平的心流体验，从而获得幸福感，其中心流体验在这个关系模型中存在部分中介效应[32]；国内学者张圆刚、黄业坚等探索城市居民在乡村旅游中的压力源及其调适对休闲参与、心流体验及主观幸福感的影响机制中也得到类似的结论[34]。除心流体验外，黄向从心理学的角度指出，旅游体验是旅游情境中的主观幸福感，包括孤独体验、高峰体验和成就体验，目的地可以通过降低孤独体验（提供友好的互动氛围），提升高峰和成就体验来提升游客的主观幸福感[106]。Lyu、Mao等[107]研究情感体验、关系体验和思维体验对主观幸福感的情感成分和认知成分的影响。他们在研究中都表明关系（互动）质量对旅游者幸福感的影响，旅游是通过社会互动将人们联系在一起的，尽管早在1987年Kelly、Steinkamp的研究就表明休闲活动中较高的互动更能提升生活满意度[119]，但这一变量的研究更多的集中在最近几年。龙江智和王苏等[84]、Gillet等[108]、马鹏和张威[109]、陈晔和张辉等[110]、Gao和Kerstetter等[52]、Jepson和Stadler等[111]等许多学者认为旅游者幸福感的获得是通过旅游中的互动作用。受长期以来满意度在旅游研究中的主流地位以及主观幸福感的认知成分——生活满意度的影响，将满意度作为影响因素的研究相对较为普遍，但是这类研究过于关注游客的情感和生活满意度，欠缺对旅游者内涵的深入挖掘，而实现主义幸福感强调旅游体验的价值和意义，关注更为稳定的心理状态。近年来，部分旅游者幸福感的研究呈现出转向趋势，开始出现实现主义幸福感和享乐主义幸福感的混合研究和实现主义幸福感的探索。国内外主要旅游者幸福感影响因素、研究术语及方法见表6.3所示。

表6.3 国内外主要旅游者幸福感影响因素、研究术语及方法

分类	作者（时间）	影响因素	研究术语	研究方法
享乐主义幸福感	Sirgy、Kruger等[42]	不同生活领域	Life satisfaction	访谈和问卷
	Su[58,88]	服务公平、服务质量、满意度、认同	Subjective well-being	SEM
	Wang[21]	生理满意度、职业满意度	Life satisfaction	SEM
	Sirgy、Kruger等[42]	不同生活领域	Life satisfaction	访谈和问卷

续表

分类	作者(时间)	影响因素	研究术语	研究方法
享乐主义幸福感	Su[58,88]	服务公平、服务质量、满意度、认同	Subjective well-being	SEM
	Wang[21]	生理满意度、职业满意度	Life satisfaction	SEM
	Suess、Kang等[101]	民宿和酒店家一般的景观环境	Well-being	SEM
	Wei、Milman[102]	参与、满意度	Psychological well-being	路径分析
	Kim、Woo等[46]	参与、感知价值、旅行体验满意度、休闲生活满意度	Quality of life	SEM
	Mathis、Kim等[103]	参与、共创体验满意度、旅游体验满意度	Life satisfaction	SEM
	Cheng、Lu[32]	参与、心流体验	Well-being	SEM
	张圆刚、黄业坚等[34]	休闲参与、心流体验	幸福感	SEM
	王心蕊、孙九霞[104]	休闲空间、休闲时间、休闲参与、休闲满意度	主观幸福感	访谈和问卷
	陈欣、程振锋等[105]	感官、功能、认知和情感体验、参与	主观幸福感	SEM
	黄向[106]	孤独体验、高峰体验、成就体验	主观幸福感	访谈和问卷
	Lyu、Mao等[107]	情感体验、关系体验和思维体验	Subjective well-being	SEM
	龙江智和王苏[84]	充实、归属和成就感、身体和心理健康、人际互动	主观幸福感	扎根理论
	Gillet、Schmitz等[108]	关系、满足感	Happiness	参与式观察和问卷
	马鹏、张威[109]	游客间互动(游客间干扰行为、友好交流、帮助行为)、体验价值(认知、情感、社会性体验价值)	主观幸福感	SEM
	陈晔、张辉等[110]	积极和消极游客间互动、社会联结	主观幸福感	SEM
	Gao、Kerstetter等[52]	人际、情景和个人情感的情绪调节	Happiness	质性

续表

分类	作者(时间)	影响因素	研究术语	研究方法
享乐主义幸福感	Jepson、Stadler 等[111]	积极记忆、家庭纽带、家庭联系	Quality-of-life	焦点小组和问卷
	Chen、Yoon 等[112]	新奇	Well-being	SEM
	Chen、Petrick 等[90]	控制、超然、放松、掌握、满意度、精神和心理健康、旅游持续时间	Life satisfaction	SEM
	Chen、Huang 等[113]	控制、超然、掌握、放松、旅游满意度(中介)	Life satisfaction	SEM
	Chen、Zou 等[89]	自主性、超然、放松、掌握、旅游持续时间(调节)	Life satisfaction	SEM
实现主义幸福感	Laing 和 Frost[36]	超然-恢复、自主、掌握、意义、归属感和积极情感	Well-being	叙事文本
	Thal、Hudson[114]	员工-客人互动的质量、自愿参与新奇引人入胜的活动、考虑周全、客人的友情以及能力和信心	Psychological well-being	焦点小组
	Buzinde[27]	能力、自主、关系	Well-being	民族志
	Mackenzie、Hodge[115]	自主、能力、关系、善举、与自然接触	Eudaimonic SWB	质性
	Filo、Coghlan[116] Mirehie、Gibson[92]	积极情感、投入、关系、意义、成就	Well-being	质性
混合	Chen、Li[47]	服务质量、目的地形象、旅游满意度	Happiness	SEM
	Vada、Prentice 等[117]	目标、难忘的旅游体验	Well-being	SEM
	Vada、Prentice 等[93]	难忘的旅游体验、旅游频次(初游和重游)	Well-being	SEM
	Ahn、Back 等[118]	能力、自主、关系	Well-being	在线文本和问卷
	Su、Tang 等[75]	旅游活动的类型(放松型、挑战型)	Well-being	调查和实验

资料来源:依据文献整理得出

具体来看,实现主义幸福感的发展先后经历了心理幸福感和真实幸福感,其中,心理幸福感的研究以自我决定理论为中心理论,真实幸福感的研究以PERMA模型为中心理论。基于实现主义幸福感的研究增加的旅游者幸福感的影响因素往往基于这两个理论模型,如:能力、自主、关系、意义、成就感等。Thal和Hudson[114]、Buzinde[27]探索了自我决定理论在健康旅游和精神旅游中的适用性;Mackenzie、Hodge[115]在冒险旅游情境中,指出自我决定理论的三个需求、善举和与自然接触对幸福感的促进作用。而在真实幸福感的研究情境中,关于PERMA模型的适用性仍存在争议。Filo和Coghlan[116]基于焦点小组指出PERMA模型的五个维度在慈善体育活动中的适用性;Mirehie、Gibson基于访谈文本同样发现女性冰雪旅游者中存在这五个维度,然而在该作者的另一篇文章中,主成分分析的结果却仅仅发现了PERMA模型的一个维度,PERMA模型并不适合该类型旅游活动[80];Laing和Frost[36]基于女性游客游玩意大利的叙述文本的质性分析中也认为并不是所有的维度都合适。未来的研究仍然需要去探索PERMA模型作为旅游者幸福感影响因素的适用性。在基于享乐和实现论的混合研究中,Chen、Li[47]实证检验了目的地形象、服务质量、满意度对游客积极情感、消极情感、生活满意度和实现主义幸福感的影响;Ahn、Back等认为游客高度的自主性、能力、关系需求的满足是与积极情感联系起来的,认为自主性、能力、关系需求的满足同时影响享乐和实现主义幸福感[118];Vada、Prentice等分别在两篇文献中实证研究了旅游目标、难忘的旅游体验对两类幸福感以及游客行为意象的影响和以旅游频次为调节变量,探究难忘的旅游体验对两类幸福感和地方依恋的影响,研究同样还指出了享乐主义幸福感和实现主义幸福感之间的相关关系[93,117]。从分析中我们可以发现,在研究转向的混合研究中,一些学者的研究仍存在浓厚的主观幸福感的色彩,具体的影响因素仍局限于享乐主义幸福感的范畴,研究缺乏对实现主义幸福感内涵的探讨,在量表的使用中往往直接使用心理学的量表,而不讨论其在旅游研究中的适用性。

影响因素研究是旅游者幸福感研究的重要内容,取得了丰硕的成果。除上文中讨论的因素外,基因、人格特质、环境、真实性等因素也出现在研究中,鉴于文章的篇幅,这里我们不再展开讨论。整体来看,旅游者幸福感的研究关注旅游者在目的地的体验,并从研究初期对旅游体验的情感因素的探讨到最近开始关注旅游者的个人潜能的挖掘,即研究从基于享乐论的主观幸福感到基于实现论的心理和真实幸福感转变,其中真实幸福感虽然包含主观幸福感的情感成分,但更为偏向实现论,研究将其归类为实现主义幸福感的范畴。在转向的过程中,我们可以发现对于实现主义的研究目前仍处于探索阶段,多采用定性的方法去探索实现主义幸福感在旅游研究中的适用性,且研究均集中在外文期刊中,国内的研究中仍主要以主观幸福感为依托,仅张晓[61]探讨了实现主义幸福感的构成要素,未来国内外仍需要大量定性探索和实证检验。

3.5　旅游者幸福感的测量

相关关系或因果关系的实证研究是旅游者幸福感研究的重要发展阶段[3],在实证研究的过程中必然会涉及旅游者幸福感的测量,即在研究中测量旅游者的主观幸福感、心理幸福感和真实幸福感。具体的测量方法包括自陈量表、体验抽样技术、日重现法以及生理测量法等,其中自陈量表的使用最为普遍,本研究仅对这一类型的量表展开叙述。目前的研究中大部分的测量量表多来自心理学领域的量表,其中,又以主观幸福感的测量量表最为成熟。

主观幸福感主要由情感成分(积极情感、消极情感)和认知成分(生活满意度)组成,在主观幸福感的研究中存在的量表主要包括单一的情感维度量表(情感量表)、单一的认知维度量表(生活满意度量表)和整合的主观幸福感量表。常见的单一情感维度的量表主要包括情感平衡量表(Affect Balance Scale,ABS)[11]、愉悦、唤起和支配量表(Pleasure Arousal Dominance,PAD)[120],情感环状量表(Circum-Plex Model)[121],积极和消极情感量表(Positive and Negative Affect Scale,PA-NAS)[122]等。Bradburn(1969)奠定了幸福感测量的情感取向,把幸福感理解为积极情感和消极情感之间的平衡[11]。愉悦、唤醒和支配量表由Mehrabian和Russell提出,其中愉悦指一个人在某种程度上感到快乐、放松和满足;唤醒为个体在某种情况下感到兴奋、刺激或是警觉;支配是指一个人在情境中感到被控制、重要或支配性的程度[120]。Russell对PAD模型进一步完善,提出了情感环状量表,认为情感可以通过愉快/不愉快以及他们的唤醒水平来描述,包括"唤醒的(arousal)—沉睡的(sleepiness)""愉快的(pleasure)—不愉快的(displeasure)""兴奋的(excitement)—沮丧的(depression)""放松的(relaxation)—忧虑的(distress)"四个维度构成[121]。而Watson等的PANAS模型将情感划分为积极和消极情感两个维度,由10个积极情感和10个消极情感构成[122],该模型正好符合情感成分中的积极、消极情感,在研究中应用相对较为普遍。总体来看,这些量表来自心理学领域,在旅游研究中的应用也不仅仅是在幸福感的研究中,在旅游领域的情感研究中反而使用更多。认知维度的量表即对生活满意度的测量,Campbell提出综合情感指数这一多项目总体满意度量表,包含13个具体生活领域满意度的测量项,使用7个语义差别来评定生活等级[13]。Diener、Emmons 等编制了生活满意度量表(Satisfaction with life scale,SWLS),使用五个题项通过李克特 7 点量表来衡量个体的生活满意度,该量表在旅游研究中使用的较为普遍[123]。Sirgy 和 Kruger 等[42]、Kim 和 Woo[46]、Chen 和 Petrick 等[90]、Wang[21]、Chen 和 Yoon[112] 等均在研究中使用 SWLS 来测量主观幸福感。而在 Gillet 和 Mitas[108]、Cheng 和 Lu[32]、Lyu 和 Mao 等[107]等的研究中结合使用了 SWLS 和情感量表来测量旅游者的主观幸福感。除此之外,还有一些研究中并没有详细地对主观幸福感的情感和认知成分进行区分,而是直接采用主观幸福感的量表进行测量,具体的量表包括 Andrews、Withey 的单项目自陈量表,被要求用 7 点量表来回答"总的说来,你觉得你的生活怎么样?"[124];Kozma、Stones 对之前的情感量表中短期情感的反应能否反映个人的整体的幸福感表示怀疑,融合了主观幸福感和老年人健康的相关研究,编制了适用老年人研究的纽芬兰纪念大学幸福感量表(Memorial University of Newfoundland scale of happiness,MUNSH),共计 24 个项目,试图从短期情感反应和长期情感体验两方面来把握被测者的主观幸福感[125]。老年群体幸福感是目前旅游研究中所关注的全体,Wei、Milman 的老年游客的研究中就使用这一量表[102]。另外,Lyubomirsky、Lepper 的主观幸福感量表(Subjective Happiness Scale,SHS)通过 4 个问题的 7 点量表来描述[126],Su 等在研究中结合旅游研究的情境使用了该量表的三项[58,88]。

心理幸福感和真实幸福感在旅游研究中刚刚起步,相关研究成果较少,使用的量表也相对较少,目前已有的研究中 Chen、Li 的研究中采用 Diener 提出的价值性(Worthwhileness)、成就感(Accomplishment)和意义(Meaningfulness)这三个指标来测量[47]。Vada、Prentice 等[93,117]的两篇成果中使用了心理幸福感量表(Psychological Well-being Scale,PWS),该量表涉及人的自我实现的 6 个方面:自我接受、积极关系、自主、情境把握、生活目的和个人成长,要求被测者根据自己的体验在这些项目上做出 6 级选择[93,117]。真实幸福感的测量模型主要依据 PERMA 模型,Mirehie 和 Gibson[80]、Pourfakhimi 和 Nadim[41]在真实幸福感的背景下研究旅游者幸福感时,均使用了 Butler 和 Kern 开发量表的部分题项。Butler 和 Kern 通过对上百个与 PERMA 理论相关的调律的减少、测试和精炼,最终获得 15 个问题(每一个维度三个问题)并另外增加了 8 个题项用来评估整体幸福感、消极情绪、孤独和身体健康,最终形成了 23 个条目的测量量表,为真实幸福感的实证研究提供了测量依据[37]。

总体来看,目前主观心理幸福感的测量量表已经相当丰富,随着研究的转向,学者们开始探讨实现主义幸福感在旅游领域的研究,未来有关实现主义幸福感的量表会更多的出现在旅游研究中,其中人格展现量表[15]、总体基本需求满足量表[127]均值得学者们去探讨其在旅游者幸福感测量中的应用。实际上,研究中学者们除了借用已有的成熟的量表之外,还包括量表的杂糅、自开发量表和学者之间的互相借鉴。不可否认,有些量表,作者在定性发现之后,并进一步验证了其在旅游领域的适用性,但仍有许多量表的借用缺乏严谨的论证过程,甚至在相互借鉴之后已经溯源不到最开始的量表,忽视了量表使用的具体情境。未来的研究不能一味地去借鉴已有的量表,应该在对其进行深刻的理解和探究其在具体研究中的适用性之后慎重使用,或者在严谨的逻辑检验(如定性探索和实证检验)之后,开发旅游研究中合适的量表。另一方面,由于国内与旅游者幸福感测量相关的研究仅寥寥数篇,无法详细展开讨论。然而,文化背景的差异是会导致人们对幸福感感知的差异,这更要求国内学者在借鉴幸福感的测量量表时,采用更严谨的验证思路,相关量表的使用要立足于本土文化。

4 旅游者研究评述及展望

本文通过对国内外文献的阅读,对旅游者幸福感的研究现状进行了梳理。研究结果表明,目前国外的研究已经从基于享乐论的主观幸福感向基于实现论的心理幸福感和真实幸福感转变,而国内的研究目前仍处于起步阶段。整体上看,旅游者幸福感研究已获得业界的重视,但在研究过程中也存在一些问题:

(1) 研究的理论支撑不足

研究的理论是文献的内核,从理论出发的文献可以使研究者以及读者拥有清晰的逻辑思路,更容易理解研究背后的学术价值。然而,在对研究的理论进行梳理时,我们发现尽管一些研究中指明了存在的理论,但整体上看,现有的研究中对理论的关注还不够,仅有少数研究明确了其基础理论,并从理论层面展开论证。更多的研究结果的解读聚焦于数据本身,缺少深层次的理论剖析。对比外文期刊,国内的成果更是对理论研究严重忽视,往往仅仅是借鉴已有的成果,将幸福感作为一个结果变量进行实证检验,鲜有关注幸福感的理论基础。

（2）旅游者幸福感概念内涵的模糊

研究目前所面临的一个主要挑战是难以明确区分和界定与幸福感有关的术语，学者们经常交互使用生活质量、生活满意度、主观幸福感、幸福感等术语。出现这种现象主要是由于幸福感的概念化是一个复杂的过程，而旅游者幸福感的研究历程较短，相关的研究范式多借用哲学、心理学等其他学科领域，不同学科之间存在理论偏差。另一方面，旅游者对幸福感的判断依赖其主观感受，具体研究的旅游情境的不同也是造成概念内涵模糊的重要原因。

（3）研究转向过程中，享乐主义幸福感和实现主义幸福感术语的混用

虽然旅游者幸福感的研究已经逐渐从关注享乐的主观幸福感向强调个人潜能的充分发挥的实现主义幸福感过渡，但在这一转向过程中，研究对于享乐主义幸福感和实现主义幸福感界定不明确，存在意义成分出现在主观幸福感的研究中，或是享乐成分出现在心理幸福感研究中的混乱。如：黄向基于主观幸福感的理论研究中指出用于高峰体验的游客会获得一种极度的幸福，而这里所指的高峰体验实际上是一种偏向心理幸福感的自我实现和超越的状态[106]；Thai 和 Hudson[114]、Buzinde[27]在探讨实现主义幸福感的中心理论——自我决定理论在具体旅游情境中的应用时，却是主要使用主观幸福感来展开叙述。

事物的发展是前进性和曲折性的统一，在旅游者幸福感发展初期这些矛盾点的出现是符合事物的发展规律的。未来的研究中，这三个问题需要引起学者们的注意。另外，在我们的研究中还发现了当前研究的 Gap，并就此进行展望，以期给国内旅游学研究以启发：

首先，关注中国文化背景下旅游者幸福感的研究。现有的旅游者幸福感研究主要以西方为中心，不同的文化背景下人们对幸福感的感知是不同的，西方文化的功利主义和中国文化的集体主义存在差异，西方文化重视个人成就、自我价值以及个人的自由等，而中国的集体主义文化强调与他人保持和谐一致。春秋时期的《尚书·洪范》中的"五福六极"是较早的关于幸福和不幸的论述，认为幸福是一个系统的、综合的概念，唯有满足长寿、富有、健康平安、爱好美德以及善终寿寝等五个要素才是真正的幸福。我国儒、道、释家文化中的"福""乐"观点与西方的幸福感类似。儒家以仁义道德作为终极追求和至高理想，如：孟子的君子有"三乐"，即"父母俱存、兄弟无故，一乐也；仰不愧于天，俯不怍于人，二乐也；得天下英才而教育之，三乐也"，归结起来其实就是家庭的平安和睦、提高自身修养和教书育人，回馈社会。道家强调的幸福在于心灵的自然，只要自然本性得到充分的自由发展，就是幸

福。释家的幸福不是此岸的幸福而是彼岸的幸福,幸福的要素在于去除一切欲望,通过修为达到幸福[6,128]。目前,国内幸福感的研究才刚刚起步,立足于我国本土文化的幸福感的研究更能够全面了解我国游客的心理特征,研究者要深入挖掘中国传统文化的内涵,探讨我国国情下的幸福感研究的范式。

其次,关注旅游者心理幸福感和真实幸福感的研究。整体来看,旅游者幸福感研究已经从单纯追求愉快情感的主观幸福感到追求个人潜能的充分挖掘的心理幸福感,以及同时强调情感和意义获得的真实幸福感的实现主义幸福感研究转向。目前国外关于心理幸福感和真实幸福感的研究还处于探索阶段。研究方法上主要通过访谈、焦点小组、民族志等质性研究的方法去探索实现主义幸福感在旅游者幸福感研究中的适用性,部分研究还辅以定量检验。相比较于旅游者主观幸福感早期直接借用心理学中的量表进行验证,定性和定性定量混合方法的使用,使得现有研究的论证过程更为严谨。另一方面,在这个研究转向中,真实幸福感的研究由于不仅强调心理幸福感的意义成分,同时还包含主观幸福感的享乐维度而更受青睐[20],Filo 和 Coghlan[116]、Laing 和 Frost[36]、Mirehie 和 Gibson[92]、Pourfakhimi 和 Nadim[41]等的研究均在探讨 PERMA 模型在旅游研究中的适用性,学者们也开始尝试开发基于 PERMA 模型的测量量表[120]。而国内的研究中仅有张晓的研究团队关注了这种转向,未来该方向的研究存在广阔的空间。

最后,在旅游者幸福感的实践方面,我们以乡村旅游这一类型的旅游目的地来概述本综述对乡村旅游的发展有哪些实践启示。游客在乡村旅游中的体验包括游客的情感、生活满意度以及意义的获得。一是,目前国内外对乡村旅游居民的幸福感的关注相对较多,缺乏旅游者视角的幸福感研究,而基于国家的乡村振兴战略,乡村旅游的旅游人数逐年增加,目的地营销及管理人员应该充分认识并了解关注旅游者幸福感的重要性。二是,乡村旅游目的地主要以亲近自然和乡村性吸引游客,自然类景点是观光旅游的主要形式,带给游客的主要是享乐主义幸福感的情感愉悦,而乡村性是和乡村文化和乡愁联系在一起的,除单纯的享乐维度外,可能和游客的难忘的记忆、地方依恋联系起来,涉及游客在目的地体验中获得的个人认同,可能会包含部分实现主义幸福感的属性。另一方面,不同群体的游客对幸福感的感知也是不同的,乡村旅游主要吸引的是城市休闲旅游者,包括普通休闲游客、家庭亲子旅游、老年人休闲等不同群体,他们的关注点可能分别是缓解压力、和孩子建立和睦的亲子关系、乡村记忆等。而且,在乡村振兴过程中,乡村旅游目的地绿道景观的建设吸引了大批体育锻炼游客,这类以体育锻炼为主要动机的游客又和上述列举的三类游客不同。上述三类游客主要属于主观幸福感的范畴，而这类游客可能更多涉及实现主义幸福感的意义成分，如，骑行者、马拉松运动者在个人潜能充分发挥之后获得的个人实现与认同。三是，我们建议将管理学中价值共创的观念引入到目的地的管理中，价值共创的观点认为消费者与企业共同创造价值，通过顾客参与价值创造实现企业与消费者的合作共赢，一方面，可以帮助企业提高效率、发现市场机会、提升品牌价值；另一方面，消费者在参与、互动中获得自己满意的产品、成就感、奖励等，进而可以影响消费者的幸福感[103]。在乡村旅游中，我们认为存在三种形式的价值共创：目的地居民与游客、民宿主人与游客以及目的地管理者与社区居民和游客这三类价值共创，旅游者和服务提供者同时参与进来，共同合作，以创造更高的体验价值，不仅仅可以提升游客的享乐主义幸福感，更包含个人认同、个人实现等深层次的实现主义幸福感。除此之外，将价值共创的观点应用到乡村旅游的可持续发展中，对于保护乡村的自然生态环境和乡村文化同样具有重要价值。

参考文献

[1] 高杨,白凯,马耀峰. 赴藏旅游者幸福感的时空结构与特征[J]. 旅游科学, 2019,33(5)：45-61.

[2] LOUNSBURY J W,HOOPES L L. A vacation from work：Changes in work and nonwork outcomes[J]. Journal of Applied Psychology,1986,71(3)：392-401.

[3] 张晓,白长虹. 快乐抑或实现？旅游者幸福感研究的转向：基于国外幸福感研究的述评[J]. 旅游学刊,2018,33(9)：132-144.

[4] 粟路军,何学欢,胡东滨. 旅游者主观幸福感研究进展及启示[J]. 四川师范大学学报(社会科学版),2019,46(2)：83-92.

[5] HUTA V,RYAN R M. Pursuing pleasure or virtue：The differential and overlapping well-being benefits of hedonic and eudaimonic motives[J]. Journal of Happiness Studies,2010,11(6)：735-762.

[6] 亢雄. 基于伦理与心理视角的旅游者幸福研究[D]. 西安：陕西师范大学,2011.

[7] ASHCRAFT R. An introduction to the principles of morals and legislation[J]. American Political Science Review,1971,65(3)：784-785.

[8] EGGLESTON B,MILLER D E. The Cambridge companion to：Utilitarian-

ism[M]. Cambridge: Cambridge University Press, 2014.

[9] 冯俊科. 西方幸福论:从梭伦到费尔巴哈[M]. 北京:中华书局,2011.

[10] WILSON W R. Correlates of avowed happiness[J]. Psychological Bulletin, 1967,67(4):294-306.

[11] BRADBURN N M. The structure of psychological well-being[M]. Oxford, England: Aldine,1969.

[12] ŞIMŞEK Ö F. Happiness revisited: Ontological well-being as a theory-based construct of subjective sell-being[J]. Journal of Happiness Studies, 2009,10(5):505-522.

[13] CAMPBELL A. Subjective measures of well-being[J]. American Psychologist,1976,31(2):117-124.

[14] DIENER E. Assessing subjective well-being: Progress and opportunities [J]. Social Indicators Research,1994,31(2):103-157.

[15] WATERMAN A S. Two conceptions of happiness: Contrasts of personal expressiveness (eudaimonia) and hedonic enjoyment[J]. Journal of Personality and Social Psychology,1993,64(4):678-691.

[16] RYAN R M,DECI E L. Self-determination theory and the facilitation of intrinsic motivation, social development, and well-being[J]. American Psychologist,2000,55(1):68-78.

[17] RYAN R M,DECI E L. On happiness and human potentials: A review of research on hedonic and eudaimonic well-being[J]. Annual Review of Psychology,2001,52(1):141-166.

[18] RYFF C D. Happiness is everything,or is it? Explorations on the meaning of psychological well-being[J]. Journal of Personality and Social Psychology,1989,57(6):1069-1081.

[19] SELIGMAN M E P,BREALEY N. Flourish: A new understanding of happiness and well-being - and how to achieve them[M]. London: Nicholas Brealey Publishing,2011.

[20] FILEP S. Moving beyond subjective well-being[J]. Journal of Hospitality and Tourism Research,2014,38(2):266-274.

[21] WANG S S. Leisure travel outcomes and life satisfaction: An integrative

look[J]. Annals of Tourism Research,2017,63:169-182.

[22] DIENER E. Subjective well-being: The science of happiness and a proposal for a national index[J]. American Psychologist,2000,55(1),34-43.

[23] SIRGY M J. Toward a quality-of-life theory of leisure travel satisfaction [J]. Journal of Travel Research,2010,49(2):246-260.

[24] DECI E L,RYAN R M. The general causality orientations scale:Self-determination in personality[J]. Journal of Research in Personality,1985,19(2):109-134.

[25] THAL K I. Self-determination theory and wellness tourism:How do wellness facilities contribute to wellbeing? [D]. New York:Columbia University of South Carolina,2015.

[26] AMATO M P,LUNDBERG N,WARD P J,et al. The mediating effects of autonomy,competence,and relatedness during couple leisure on the relationship between total couple leisure satisfaction and marital Satisfaction[J]. Journal of Leisure Research,2016,48(5):349-373.

[27] BUZINDE C N. Theoretical linkages between well-being and tourism:The case of self-determination theory and spiritual tourism[J]. Annals of Tourism Research,2020,83:102920.

[28] VADA S,PRENTICE C,SCOTT N,et al. Positive psychology and tourist well-being:A systematic literature review[J]. Tourism Management Perspectives,2020,33:100631.

[29] BARNET L. Play and intrinsic rewards:A reply to csikszentmi-halyi[J]. Journal of Humanistic Psychology,1976,16(3):83-87.

[30] CSIKSZENTMIHALYI M. Flow:The psychology of optimal experience [M]. New York:Harper & Row,1990.

[31] RYAN C. Researching tourist satisfaction:Issues,concepts,problems[M]. London:Routledge,1995.

[32] CHENG T M,LU C C. The causal relationships among recreational involvement,flow experience,and well-being for surfing activities[J]. Asia Pacific Journal of Tourism Research,2015,20(sup 1):1486-1504.

[33] TSAUR S H,YEN C H,HSIAO S L. Transcendent experience,flow and

happiness for mountain climbers[J]. International Journal of Tourism Research,2013,15(4):360-374.

[34] 张圆刚,黄业坚,程静静,等. 城市居民压力源对幸福感的影响研究:基于乡村旅游休闲参与的角度[J]. 地理研究,2019,38(4):971-987.

[35] SELIGMAN M. Flourish:A visionary new understanding of happiness and well-being[M]. New York:Atria Books,2012.

[36] LAING J H,FROST W. Journeys of well-being:Women's travel narratives of transformation and self-discovery in Italy[J]. Tourism Management,2017(62):110-119.

[37] BUTLER J,KERN M L. The PERMA-Profiler:A brief multidimensional measure of flourishing[J]. International Journal of Wellbeing,2016,6(3):1-48.

[38] FILEP S. Tourism and positive psychology critique:Too emotional? [J]. Annals of Tourism Research,2016(59):113-115.

[39] SELIGMAN M. PERMA and the building blocks of well-being[J]. The Journal of Positive Psychology,2018,13(4):333-335.

[40] FILEP S,PEARCE P. Tourist Experience and Fulfilment[M]. London:Routledge,2014.

[41] POURFAKHIMI S,NADIM Z,PRAYAG G,et al. The influence of neophobia and enduring food involvement on travelers' perceptions of wellbeing—Evidence from international visitors to Iran[J]. International Journal of Tourism Research,2020,23(2):1-14.

[42] SIRGY M J,KRUGER P S,LEE D J,et al. How Does a Travel Trip Affect Tourists' Life Satisfaction? [J]. Journal of Travel Research,2011,50(3):261-275.

[43] NEAL J D,UYSAL M,SIRGY M J. The effect of tourism services on travelers' quality of life[J]. Journal of Travel Research,2007,46(2):154-163.

[44] NEAL J D,SIRGY M J,UYSAL M. Measuring the effect of tourism services on travelers? Quality of life:Further validation[J]. Social Indicators Research,2004,69(3):243-277.

[45] NEAL J D,SIRGY M J,UYSAL M. The role of satisfaction with leisure travel/tourism services and experience in satisfaction with leisure life and

overall life[J]. Journal of Business Research,1999,44(3):153-163.

[46] KIM H,WOO E,UYSAL M. Tourism experience and quality of life among elderly tourists[J]. Tourism Management,2015(46):465-476.

[47] CHEN Y,LI X. Does a happy destination bring you happiness? Evidence from Swiss inbound tourism[J]. Tourism Management,2018(65):256-266.

[48] SUESS C,BALOGLU S,BUSSER J A. Perceived impacts of medical tourism development on community wellbeing[J]. Tourism Management,2018(69):232-245.

[49] BIMONTE S,FARALLA V. Does residents' perceived life satisfaction vary with tourist season? A two-step survey in a Mediterranean destination[J]. Tourism Management,2016(55):199-208.

[50] JOSEPH SIRGY M. Promoting quality-of-life and well-being research in hospitality and tourism[J]. Journal of Travel & Tourism Marketing,2019,36(1):1-13.

[51] NAWIJN J,MARCHAND M A,VEENHOVEN R,et al. Vacationers happier,but most not happier after a holiday[J]. Applied Research in Quality of Life,2010,5(1):35-47.

[52] GAO J,KERSTETTER D L. From sad to happy to happier:Emotion regulation strategies used during a vacation[J]. Annals of Tourism Research,2018(69):1-14.

[53] NEWMAN D B,TAY L,DIENER E. Leisure and subjective well-being:A model of psychological mechanisms as mediating factors[J]. Journal of Happiness Studies,2014,15(3):555-578.

[54] GILBERT D,ABDULLAH J. Holidaytaking and the sense of well-being [J]. Annals of Tourism Research,2004,31(1):103-121.

[55] HUTA V,WATERMAN A S. Eudaimonia and its distinction from hedonia:Developing a classification and terminology for understanding conceptual and operational definitions[J]. Journal of Happiness Studies,2014,15(6):1425-1456.

[56] VEENHOVEN R,STRACK F,ARGYLE M,et al. Questions on happiness:Classical topics,modern answers,blind spots[EB/OL]. 1991.

[57] DODGE R,DALY A,HUYTON J,et al. The challenge of defining wellbeing[J]. International Journal of Wellbeing,2012,2(3):222-235.

[58] SU L J,HUANG S S,CHEN X H. Effects of service fairness and service quality on tourists' behavioral intentions and subjective well-being[J]. Journal of Travel & Tourism Marketing,2015,32(3):290-307.

[59] RAHMANI K,GNOTH J,MATHER D. Tourists' participation on Web 2.0:A corpus linguistic analysis of experiences[J]. Journal of Travel Research,2018,57(8):1108-1120.

[60] RYFF C D,KEYES C L M. The structure of psychological well-being revisited.[J]. Journal of Personality and Social Psychology,1995,69(4):719-727.

[61] 张晓,刘明,白长虹. 自然主义视角下旅游者幸福感的构成要素研究[J]. 旅游学刊,2020,35(5):37-51.

[62] VOIGT C,HOWAT G,BROWN G. Hedonic and eudaimonic experiences among wellness tourists:An exploratory enquiry[J]. Annals of Leisure Research,2010,13(3):541-562.

[63] 妥艳媜. 旅游者幸福感为什么重要[J]. 旅游学刊,2015,30(11):16-18.

[64] FILEP S,DEERY M. Towards a picture of tourists' happiness:An insight from psychology[J]. Tourism Analysis,2010,15(4):399-410.

[65] RAHMANI K,GNOTH J,MATHER D. Hedonic and eudaimonic well-being:A psycholinguistic view[J]. Tourism Management,2018,69:155-166.

[66] KIM H,WOO E. An examination of missing links between quality of life and tourist motivation[J]. Tourism Analysis,2014,19(5):629-636.

[67] NAWIJN J. Happiness through vacationing:Just a temporary boost or long-term benefits?[J]. Journal of Happiness Studies,2011,12(4):651-665.

[68] DOLNICAR S,YANAMANDRAM V,CLIFF K. The contribution of vacations to quality of life[J]. Annals of Tourism Research,2012,39(1):59-83.

[69] MATTEUCCI X,FILEP S. Eudaimonic tourist experiences:The case of flamenco[J]. Leisure Studies,2017,36(1):39-52.

[70] PEARCE P,FILEP S,ROSS G. Tourists,Tourism and the Good Life[M]. London:Routledge,2011.

[71] 张天问,吴明远. 基于扎根理论的旅游幸福感构成:以互联网旅游博客文本为

例[J]. 旅游学刊,2014,29(10):51-60.

[72] "旅游业对国家经济社会发展的战略性作用"课题组,邵琪伟,杜江,等. 旅游提升国民幸福:一个分析框架及应用[J]. 旅游学刊,2015,30(10):18-27.

[73] KWON J,LEE H. Why travel prolongs happiness:Longitudinal analysis using a latent growth model[J]. Tourism Management,2020(76):103944.

[74] MAYER V F,MACHADO J D S,MARQUES O,et al. Mixed feelings?:fluctuations in well-being during tourist travels[J]. The Service Industries Journal,2020,40(1/2):158-180.

[75] SU L J,TANG B L,NAWIJN J. Eudaimonic and hedonic well-being pattern changes:Intensity and activity[J]. Annals of Tourism Research,2020,84:103008.

[76] CHEN C C,PETRICK J F. Health and wellness benefits of travel experiences[J]. Journal of Travel Research,2013,52(6):709-719.

[77] BLOOM J,KOMPIER M,GEURTS S,et al. Do We recover from vacation? meta-analysis of vacation effects on health and well-being[J]. Journal of Occupational Health,2009,51(1):13-25.

[78] CHEN Y,LEHTO X Y,CAI L P. Vacation and well-being:A study of Chinese tourists[J]. Annals of Tourism Research,2013(42):284-310.

[79] BERDYCHEVSKY L,GIBSON H J,BELL H L. Girlfriend getaways and Women's well-being[J]. Journal of Leisure Research,2013,45(5):602-623.

[80] MIREHIE M,GIBSON H J. The relationship between female snow-sport tourists' travel behaviors and well-being[J]. Tourism Management Perspectives,2020(33):100613.

[81] DREWERY D,JIANG K,HILBRECHT M,et al. Modelling activity novelty and adolescent females' subjective well-being during a winter holiday[J]. World Leisure Journal,2016,58(4):298-310.

[82] 周春平. 文化消费对居民主观幸福感影响的实证研究:来自江苏的证据[J]. 消费经济,2015,31(1):46-51.

[83] MILMAN A. The impact of tourism and travel experience on senior travelers' psychological well-being[J]. Journal of Travel Research,1998,37(2):166-170.

[84] 龙江智,王苏. 深度休闲与主观幸福感:基于中国老年群体的本土化研究[J]. 旅游学刊,2013,28(2):77-85.

[85] PYKE J,PYKE S,WATUWA R. Social tourism and well-being in a first nation community[J]. Annals of Tourism Research,2019(77):38-48.

[86] MCCABE S,JOHNSON S. The happiness factor in tourism:subjective well-being and social tourism[J]. Annals of Tourism Research,2013(41):42-65.

[87] NEAL J D,UYSAL M,SIRGY M J. The Effect of Tourism Services on Travelers' Quality of Life[J]. Journal of Travel Research,2007,46(2):154-163.

[88] SU L J,SWANSON S R,CHEN X H. The effects of perceived service quality on repurchase intentions and subjective well-being of Chinese tourists:The mediating role of relationship quality[J]. Tourism Management,2016(52):82-95.

[89] CHEN C C,ZOU S W,GAO J. Towards the recovery mechanisms of leisure travel experiences:Does the length of vacation matter? [J]. Journal of Travel & Tourism Marketing,2020,37(5):636-648.

[90] CHEN C C,PETRICK J F,SHAHVALI M. Tourism experiences as a stress reliever[J]. Journal of Travel Research,2016,55(2):150-160.

[91] DILLETTE A,DOUGLAS A,MARTIN D. Do vacations really make us happier? Exploring the relationships between wellness tourism, happiness and quality of life[J]. Journal of Tourism & Hospitality,2018,7(3):1000355.

[92] MIREHIE M,GIBSON H J. Women's participation in snow-sports and sense of well-being:A positive psychology approach[J]. Journal of Leisure Research,2020,51(4):397-415.

[93] VADA S,PRENTICE C,HSIAO A. The influence of tourism experience and well-being on place attachment[J]. Journal of Retailing and Consumer Services,2019(47):322-330.

[94] DIEKMANN A,HANNAM K. Touristic mobilities in India's slum spaces[J]. Annals of Tourism Research,2012,39(3):1315-1336.

[95] COGHLAN A. Prosocial behaviour in volunteer tourism[J]. Annals of Tourism Research,2015(55):46-60.

[96] KIM H,LEE S,UYSAL M,et al. Nature-based tourism:Motivation and

subjective well-being[J]. Journal of Travel & Tourism Marketing,2015,32(sup 1):S76-S96.

[97] KAY SMITH M,DIEKMANN A. Tourism and wellbeing[J]. Annals of Tourism Research,2017(66):1-13.

[98] BIMONTE S,FARALLA V. Happiness and outdoor vacations appreciative versus consumptive tourists[J]. Journal of Travel Research,2015,54(2):179-192.

[99] 宋竹芳,张高军,李树民. 黑亦非黑:基于线上数据的黑色旅游体验及群体比较[J]. 旅游学刊,2019,34(5):90-104.

[100] 谢彦君,孙佼佼,卫银栋. 论黑色旅游的愉悦性:一种体验视角下的死亡观照[J]. 旅游学刊,2015,30(3):86-94.

[101] SUESS C,KANG S,DOGRU T,et al. Understanding the influence of "feeling at home" on healthcare travelers' well-being:A comparison of Airbnb and hotel homescapes[J]. Journal of Travel & Tourism Marketing,2020,37(4):479-494.

[102] WEI S,MILMAN A. The impact of participation in activities while on vacation on seniors' psychological well-being:A path model application[J]. Journal of Hospitality & Tourism Research,2002,26(2):175-185.

[103] MATHIS E F,KIM H,UYSAL M,et al. The effect of co-creation experience on outcome variable[J]. Annals of Tourism Research,2016(57):62-75.

[104] 王心蕊,孙九霞. 城市居民休闲与主观幸福感研究:以广州市为例[J]. 地理研究,2019,38(7):1566-1580.

[105] 陈欣,程振锋,王国成. 家庭旅游提升国民幸福感的实证研究[J]. 首都经济贸易大学学报,2020,22(1):10-20.

[106] 黄向. 旅游体验心理结构研究:基于主观幸福感理论[J]. 暨南学报(哲学社会科学版),2014,36(1):104-111.

[107] LYU J Y,MAO Z X,HU L. Cruise experience and its contribution to subjective well-being:A case of Chinese tourists[J]. International Journal of Tourism Research,2018,20(2):225-235.

[108] GILLET S,SCHMITZ P,MITAS O. The snap-happy tourist[J]. Journal of Hospitality & Tourism Research,2016,40(1):37-57.

[109] 马鹏,张威. 游客互动、体验价值、主观幸福感关系研究:一个民宿旅居者视角的实证检验[J]. 消费经济,2017,33(5):83-90.

[110] 陈晔,张辉,董蒙露. 同行者关乎已?游客间互动对主观幸福感的影响[J]. 旅游学刊,2017,32(8):14-24.

[111] JEPSON A,STADLER R,SPENCER N. Making positive family memories together and improving quality-of-life through thick sociality and bonding at local community festivals and events[J]. Tourism Management,2019(75):34-50.

[112] CHEN C C,YOON S. Tourism as a Pathway to the Good Life:Comparing the Top-Down and Bottom-Up Effects[J]. Journal of Travel Research,2019,58(5):866-876.

[113] CHEN C C,HUANG W J,PETRICK J F. Holiday recovery experiences,tourism satisfaction and life satisfaction-Is there a relationship?[J]. Tourism Management,2016(53):140-147.

[114] THAL K I,HUDSON S. A conceptual model of wellness destination characteristics that contribute to psychological well-being[J]. Journal of Hospitality & Tourism Research,2019,43(1):41-57.

[115] HOUGE MACKENZIE S,HODGE K. Adventure recreation and subjective well-being:A conceptual framework[J]. Leisure Studies,2020,39(1):26-40.

[116] FILO K,COGHLAN A. Exploring the positive psychology domains of well-being activated through charity sport event experiences[J]. Event Management,2016,20(2):181-199.

[117] VADA S,PRENTICE C,HSIAO A. The role of positive psychology in tourists' behavioural intentions[J]. Journal of Retailing and Consumer Services,2019(51):293-303.

[118] AHN J,BACK K J,CHOE Y. Customers' needs satisfaction:A scale validation with refinement in the integrated resort setting[J]. International Journal of Hospitality Management,2019(82):39-47.

[119] KELLY J R,STEINKAMP M W,KELLY J R. Later-life satisfaction:Does leisure contribute?[J]. Leisure Sciences,1987,9(3):189-199.

[120] MEHRABIAN A,RUSSELL J A. An approach to environmental psychol-

ogy[M]. Cambridge: MIT Press,1974.

[121] RUSSELL J A. A circumplex model of affect[J]. Journal of Personality and Social Psychology,1980,39(6):1161-1178.

[122] WATSON D,CLARK L A,TELLEGEN A. Development and validation of brief measures of positive and negative affect: The PANAS scales[J]. Journal of Personality and Social Psychology,1988,54(6):1063-1070.

[123] DIENER E,EMMONS R A,LARSEN R J,et al. The satisfaction with life scale[J]. Journal of Personality Assessment,1985,49(1):71-75.

[124] ANDREWS F M,WITHEY S B. Social indicators of well-being: America's perception of life quality[EB/OL]. 1976.

[125] KOZMA A,STONES M J. The measurement of happiness: Development of the memorial university of Newfoundland scale of happiness (MUNSH)[J]. Journal of Gerontology,1980,35(6):906-912.

[126] LYUBOMIRSKY S,LEPPER H S. A measure of subjective happiness: Preliminary reliability and construct validation[J]. Social Indicators Research,1999,46(2):137-155.

[127] DECI E L,RYAN R M. The "What" and "Why" of goal pursuits: Human needs and the self-determination of behavior[J]. Psychological Inquiry,2000,11(4):227-268.

[128] 苗元江. 心理学视野中的幸福:幸福感理论与测评研究[D]. 南京:南京师范大学,2003.

第七章
乡村旅游目的地居民幸福感

引言

2017年10月,习近平总书记在党的十九大报告中提出要"坚定实施乡村振兴战略"。从中可以看出,"乡村振兴战略"对我国国民经济的持续发展具有重大的战略意义。在振兴乡村经济的过程中,乡村旅游作为一种新兴的旅游方式开始崭露头角,以"农家乐""生态园"等绿色生活理念为主题的多种旅游方式方兴未艾,呈现出一种蓬勃发展的势头。而在乡村旅游火热进行的过程中也必然会对旅游目的地的居民产生经济、社会、文化等方面的影响。在阅读文献的过程中笔者了解到国内外学者对乡村旅游目的地居民幸福感的研究还不是特别完备,且未曾有学者形成自己的关于乡村旅游目的地居民幸福感的理论框架,所以笔者想通过对过往文献的整理和评述,依次列出概念的源头、概念的改进并总结出最广为人们所接受的定义或内涵,为后来者研究乡村旅游目的地居民幸福感理清思路。

本文主要采用的是文献分析法,笔者通过大量阅读国内外文献,归纳并总结了国内外学者的研究现状及成果,在学习了国内外学者的研究思路以及理论框架后,发掘目前研究存在的问题,并对未来研究提出自己的建议及展望。

1 幸福感

1.1 文献来源及筛选过程

笔者通过在 WOS 以及百度学术中以"happiness"和"well-being"为题目/主题

查找英文文献,共检索出46 812篇发表于1800年至2020年的期刊论文、硕博论文和会议论文,通过对题目摘要的阅读及对部分论文的精读泛读并辅以文献分析法,最后将幸福感概念的研究方向划分为四类:主观幸福感、心理幸福感、精神幸福感、社会幸福感(表7.1)。其中有5 170篇研究主观幸福感,6 322篇研究心理幸福感,3 467篇研究社会幸福感,820篇研究精神幸福感。后来笔者在知网以及百度学术中以"幸福感""主观幸福感""心理幸福感""社会幸福感"和"精神幸福感"为题目/关键字/主题查找中文文献,共检索出4584篇发表于1989年至2020年的期刊论文、硕博论文和会议论文,其中5 691篇研究主观幸福感,250篇研究心理幸福感,42篇研究社会幸福感,4篇研究精神幸福感。具体内容分析将在下文各个部分分别介绍。

1.2 幸福感概念内涵

幸福感的分类见表7.1所示。

表7.1 幸福感分类

幸福感	主观幸福感	Diener[3]
	心理幸福感	Waterman[4],Ryff[5],Deci和Ryan[24]
	精神幸福感	Gomez和Fisher[7],徐晓波、孙超、汪凤炎[8]
	社会幸福感	Keyes[10]
	其他	池丽萍、辛自强[11],李承宗、韩仁生[12]

资料来源:依据文献进行总结得出

从心理学层面研究幸福感始于20世纪60年代,Wanner Wilson[1]撰写了《自称幸福的相关因素》对幸福感进行了系统性的理论阐述。后来Ryan和Deci[2]在前人研究基础上总结归整后认为幸福感从心理学上分类主要可以分为主观幸福感、心理幸福感两种研究方向。现在多数学者们依旧是从这两个方向着手研究幸福感,但精神幸福感也越来越多地活跃在大家眼前。主观幸福感的研究源自1958年"生活质量"的提出,"个体根据自我设定的标准对其生活质量的整体性评估"是Diener[3]对主观幸福感的定义,他认为主观幸福感由认知和情感成分构成,具有主观性、整体性和相对稳定性的特点,该定义侧重于从物质层面的满意度来定义幸福感,虽然主观幸福感在后期发展中形成了比较理论、目标理论、人格特质理论、动力平衡理论等理论,但Diener总结出的主观幸福感的定义以及构成一直沿用至今并广为人接受。心理幸福感则是以亚里士多德的实现论为哲学基础,侧重于从心理层面的满意度来定义幸福感，它主要体现为生活有目标、人际关系良好、自我接受、独立自主、环境控制感。心理幸福感的界定并没有出现一种多数学者都能认同的理论，在研究过程中出现了以下几种理论：(1) Waterman[4]的"个人展现"理论，认为心理幸福感关系到个体与真实的自我协调一致，涉及潜能充分发挥从而自我实现及心理需要得到满足。(2) Ryff[5]提出的关于心理幸福感的六维模型（包括自主性、环境驾驭、个人成长、积极的人际关系、生活目的、自我接受六个维度），认为心理幸福感应该定义为"努力表现完美的真实的潜力"。(3) Deci 和 Ryan[6]以积极心理学为背景提出的关于自我决定行为的动机过程理论即自我决定理论，认为当人的三种心理需要：自主性、关系、胜任力得到满足时，内在动机最可能发生，继而成长才可能发生，从而促进幸福感发展。

除了主观幸福感和心理幸福感外精神幸福感和社会幸福感也越来越多地出现在公众视野中。精神幸福感在 1975 年被国际老龄化宗教联盟定义为个体在与上帝、自我、社群、环境的关系中肯定生命，孕育并赞扬四者之间成为一个统一的整体。后来，Gomez 和 Fisher[7]进一步将精神幸福感定义为一种动态的生命存在状态，体现为人们对自己、他人、环境、超自然的认知反应、积极的情感以及行为习性，以及由此而产生的认同感、整体性、快乐、满足感、美感、关爱、尊重、内在的平静与和谐、生活的目的和方向感。当下，徐晓波、孙超、汪凤炎[8]研究了精神幸福感的概念和测量，认为精神幸福感可以通过个体不断提升道德修养从而达到物我两忘的境界后获得，而并不一定得通过信仰宗教获得。社会幸福感的定义最早由 Peter[9]提出，他认为社会幸福感是指个体同社会支持网络联系的程度，它是与物质幸福感、个人幸福感、家庭幸福感相对的一个概念，这是从社会联结的角度对社会幸福感的概念进行界定。1998 年，Keyes[10]在前人的基础上进行研究，发展了社会幸福感的多个维度并赋予了社会幸福感更具操作性的定义：社会幸福感是个体对其在社会中及周围环境关系的评价，包括社会整合、社会认同、社会贡献、社会实现以及社会和谐五个方面。目前，Keyes 对社会幸福感的定义及维度区分广为人接受。

除了这些分类，还有其他研究人员有着自己的见解。池丽萍和辛自强[11]认为幸福感包括两个基本成分：认知成分和情感成分。认知成分可用生活满意度和对生活质量的评价作为指标，情感成分则用正向情感、负向情感和快乐感来标识。李承宗和韩仁生[12]认为需要是否满足、自身因素、外界因素、生活满意度以及情绪影响着人们对幸福感和不幸福感的感知。他们也同样认为没有幸福感并不一定就是不幸福，幸福感和不幸福感之间存在着一种平静的中间状态。国内学者对幸福感概念的界定大都建立在国外学者研究的基础上,他们也在界定概念时做出了部分调整,然而笔者认为有些调整并不是十分的准确,比如将主观幸福感的理论框架直接套用至幸福感理论框架的建设中,他们将马斯洛需求层次理论套用至认知成分的解释中,然而追根溯源,主观幸福感侧重于从物质层面的满意度来定义幸福感,而马斯洛需求模型中的社交需求、尊重需求、自我实现的需求显然已经超出物质层面的需求与满意,且与心理幸福感的构成要素有所重合。

1.3 幸福感的研究历程

国外幸福感研究始于20世纪60年代,以Wilson[1]1967年撰写的《自称幸福的相关因素》为标志。1999年Diener[13]在其论文《主观幸福感》中将主观幸福感的研究划分为以下三个阶段:描述比较、理论建构、测量发展。20世纪50年代至70年代是描述比较阶段,这一阶段主要集中在人口统计学维度并形成了两类研究方向,一类方向是探讨影响幸福感的客观因素,另一类方向是着手从个体的人格特质角度加以解释。第一阶段虽然在研究幸福感领域取得了巨大的成就,但人口统计学的变量对幸福感解释力极为有限,Mckennell[14]发现,使用人口统计学的变量仅能预测生活满意的8%变异调查研究使用了不同的量表。这一阶段还缺乏理论依据与理论框架,测评工具也十分简陋,研究结果缺乏信度和效度指标。20世纪70年代至90年代是理论构建阶段,研究重点是发展幸福感的理论和解释模型,研究幸福感形成的心理机制。人格理论、适应理论、目标理论、期望理论和社会比较理论诞生于这一阶段。20世纪90年代往后属于测量发展阶段,这一阶段的研究侧重于运用各类测量技术,实证分析不同群体的主观幸福感,探究提高人们主观幸福感的方法,建构更为有效的幸福感测量指标。

20世纪80年代国内开始引入幸福感概念,最初学者们大多研究群体的心理健康,对幸福感的概念及影响幸福感的因素处于摸索探究阶段,对幸福概念以及影响幸福的因素大都是在国外学者的研究基础上进行自我诠释和阐述,缺乏实证研究;对幸福感的测度工具也处于学习、总结西方测度工具的阶段。王宜山[15]在1989年写《论幸福心理》时讨论了幸福的三重含义(本我的满足产生较单纯的生理性快感——幸福感,自我和低层次的超我的满足产生心理性的快感幸福感,高层次的超我创造出的高尚的精神境界——幸福感)和反社会人格(认为反社会人格不是病态人格而是对病态社会的反映);胡丙长[16]在1990写的《如何全面评价心理、社会健康状况》中认为人的心理、社会健康状况可以从三个方面(主观心理健康测试,即个人对生活的幸福感或满意程度;社会适调性测试,即个人适应社会环境的能力;精神病症状筛选)进行评价,并对国外评价心理、社会健康状况的工具进行了归纳整理。后来,学者们慢慢开始结合海外理论对幸福感进行实证研究,研究对象被细分成了诸如老人、大学生、教师之类的人群,研究范围也被扩大至海外。唐若水[17]在1991年据日本报纸所做的民意测验提出富裕的日本人缺乏幸福感,他将日本和美国进行对比指出地价贵、物价高、精神压力大是日本人缺乏幸福感的缘由;景淑华[18]在1997年进行大学生主观幸福感的研究时运用了总体幸福感量表和情感量表发现从总体上说我国大学生主观幸福感较高,但许多学生也存在心理不健康问题。进入21世纪后,更多的学者开始自己编制测度工具并且更加深入地研究不同因素对幸福感是否有影响,比如社会支持、婚姻状况、年龄、文化等对幸福感的影响。2003年国内学者苗元江[19]在其论文《心理学视野中的幸福——幸福感理论与测评研究》中编制了综合幸福问卷并得出:大学生幸福感指标显现出友好关系＞自我价值、健康关注＞利他行为＞生命活力＞人格成长＞生活满意＞正性情感＞负性情感的组合态势,性别、是否独生子女、省份、年级等人口统计维度均有不同程度的差异,在建立常模时要考虑这些差异因素的结论;罗楚亮[20]在2006年研究了城乡分割、就业状况与主观幸福感差异,研究发现:农村居民的主观幸福感高于城镇居民主要是由于预期的满足程度、收入变化预期、对生活状态改善的评价等差异引起的,而城镇失业与就业居民的主观幸福感差异则主要是由收入效应导致的。近年来,研究者们的目光逐渐转向研究提升幸福感的因素并开始致力于自己研究理论模型、构建理论架构。陈欣、程振锋、王国成[21]2020年进行了家庭旅游提升国民幸福感的实证研究,研究发现:感官及功能体验对家庭旅游参与行为具有显著的正向影响作用,认知体验能够正向影响家庭旅游参与行为,情感体验对家庭旅游参与行为具有积极的影响作用,家庭旅游参与行为正向影响游客的主观幸福感;徐晓波、孙超、汪凤炎[8]研究了精神幸福感的概念和测量,认为精神幸福感可以通过个体不断提升道德修养从而达到物我两忘的境界后获得,而并不一定得通过信仰宗教获得。

1.4 幸福感的测度方法

国外的幸福感测度方法可以分为以下两大类:单项目的自陈式问卷、多项目量表。其中单项目的自陈式问卷主要代表有:六级量表——D-T量表以及十级量表——自我标定梯形量表。单题量表简洁易操作,但问题过于直接容易导致被试者易受反应倾向的影响,且单题量表无法全面地覆盖幸福感的各个方面,不能获得各个不同成分上的信息。随着对主观幸福感结构认识的加深,研究者开始根据相关结构编制多项目量表。比如美国国立卫生统计中心指定 Fazio 制定的总体幸福感量表,它主要用于评估个体对幸福的陈述。量表总体 33 个项目,由 6 个因子组成,包括对健康的担心、精力、对生活的满足和兴趣等;Kozma 和 Stones[23] 1980 年编制的包含 24 个项目的纽芬兰纪念大学幸福度量表,该量表整合了生活满意度、情感平衡和费城老年病中心量表,由四个分量表组成,他们分别为:正性情感(包含 5 项)、负性情感(包含 5 项)、正性体验(包含 7 项)、负性体验(包含 7 项)。Deci[24] 在 2001 年编制的总体基本需要满足量表,它包含三个量表,分别测量人们在自主、能力和关系方面的需要满足状况;研究者们使用的幸福感量表各有不同,至今未有一个统一的幸福感测度方法出现。

国内的学者们在研究幸福感的过程中不断汲取国外的思想和方法,对国外的幸福感测度方法进行应用和修订,有些学者还自己研究编制了测量工具。由于以往研究大多以大学生和城市居民为主体,许远理等[25]2009 年写了《生活满意度量表中文版在民众中使用的信度和效度》用以考察生活满意度量表在一般民众中使用的信度和效度从而为将来的研究与评价提供不同被试群体的参照,研究结果显示生活满意度量表是测量一般民众生活满意度有效而可靠的工具;钟美珠、谢云天[26]2019 年进行的"基于纽芬兰纪念大学幸福感量表的养老机构老年人幸福感 Meta 分析",发现以东部、中部养老机构老年人为研究对象的研究异质性显著,大多文献报告的老年人幸福感平均分都高于全国常模,养老机构老年人幸福感不存在性别差异;段建华[27]在 1996 年研究"总体幸福感量表在我国大学生中的试用结果与分析"时修订了总体幸福感量表,对原有的 33 个项目进行了删减和增加,并将原来的 6 个因子改为了 3 个因子(性情绪体验、正性情绪体验及健康状况),使其更加适用于我国大学生群体,结果显示经修改后,量表的信度、效度指标均达到了心理测量学的要求,正性情绪状况及健康状况上没有显著的性别差异,负性情绪状态则存在显著的性别差异,但在总体主卦幸福感上并没有显著的差别;2003 年国内学者苗元江[19]在其论文《心理学视野中的幸福——幸福感理论与测评研究》中编制了综合幸福问卷,它包括心理幸福感和主观幸福感两个模块,含 9 个维度,共 50 个题目,采用 7 级计分。该问卷多维度、多方位、多功能地构建了我国本土化的幸福感测量问卷,能够较为全面地评价个体的幸福感状况。

2 旅游目的地居民幸福感

如图 7.1,研究员通过在 WOS 中输入"Residents of tourist destinations"找出了 36 篇研究旅游目的地居民的文献,从峰值看,在 2017 年达到了峰值,其中 5 篇是研究旅游目的地居民生活状况,17 篇是研究旅游目的地居民对旅游的感知及态度,7 篇是研究旅游对旅游目的地或旅游目的地居民的影响,3 篇是研究旅游目的地居民对地方忠诚度,2 篇是研究旅游目的地居民对旅游目的地的影响,2 篇是研究游客与旅游目的地居民间的关系。虽然并无直接与旅游目的居民幸福感相关的文献,但这些论文对其研究有着十分重大的启发作用。从

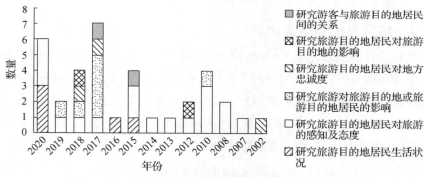

图 7.1 2000—2020 年国外对旅游目的地居民的研究文献

资料来源:依据文献进行总结得出。

从文献来源看,WOS 中的文献主要转载于 Zeitschrift Für tourismuswissenschaft、Sustainability、International Journal of Tourism Research、Journal of Tourism Sciences、Journal of Travel Research、Tourism Analysis、Economic Geography 等期刊。

如图 7.2,笔者通过在知网系统中输入"旅游目的地居民""旅游目的地居民幸福感"等关键词找出了 15 篇与研究主题相关的文献,从峰值看,2012 年达到了峰值,其中有 9 篇是研究旅游目的地居民幸福感影响因素,有 4 篇是研究旅游目的地居民幸福感测度量表及幸福指数,有 1 篇是研究旅游目的地居民幸福感对旅游的影响,有 1 篇是研究旅游目的地居民社会幸福感。从文献来源看,知网中的文献主要来源于生态经济、经济管理、理论导刊以及各大学期刊中。具体内容分析将在下文各个部分分别介绍。

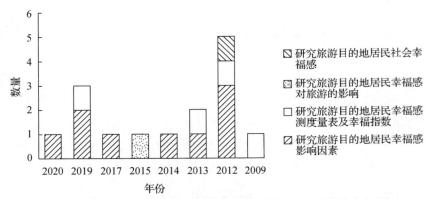

图7.2 2000—2020年国内对旅游目的地居民幸福感的研究文献

资料来源：本文作者依据文献进行总结得出。

2.1 旅游目的地概念内涵

国外旅游目的地研究始于20世纪70年代。Lew在1987年基于前人对旅游景区的描述将旅游景区定义为由所有那些"非家乡"的元素组成的地区，这些元素吸引着随意的旅行者离开他们的家——他们通常包括要观察的风景、要参与的活动和要记住的经历。1988年，美国学者Gunn提出了目的地地带的概念，认为它由吸引物组团、服务社区、中转通道和区内通道组成。Leiper[28]在研究Lew和Gunn理论的过程中给出了自己关于旅游目的地的定义——"旅游目的地就是指通过自身的吸引力吸引旅游者前来旅游，从中获得旅游体验并能够停留一段时间的地理区域。"Hu和Ritchie[29]从功能角度对目的地的含义进行了解释，他认为：旅游目的地能够满足消费者个性假期的欲望，个人的情感、价值观、信仰等都可以通过他对某一目的地的感知能力反映出来。

国内关于旅游目的地研究始于20世纪90年代。1999年，楚义芳和保继刚[30]在《旅游地理学》中写道：旅游目的地也就是旅游地，它是在一定空间上通过把旅游行业使用的旅游设施、发展旅游不可或缺的基础设施、旅游产品和相关的其他条件整合在一起，就构成了旅游目的地，也就是旅游者停留和活动的场所。2005年张立明、赵黎明[31]提出，旅游目的地的概念应该与旅游过境地、旅游客源地相区别，与一般意义上的景区或旅游地的概念也不一样。旅游目的地指的是具有完善的协调组织和管理机构，同时具备独特的目的地形象，可以激发潜在旅游者旅游欲望和动机、做出旅游决策并到该目的地实施旅游计划的区域；巫宁[32]在2007年将旅游目的地定义为通过某一地域内的历史、人文、自然、社会、经济的一体化资源，满足给消费者旅游活动中饮食、住宿、购物、娱乐、游玩等需求的一些相互关联的企业或部门集合。目前,各位研究人员并没有能给出一个统一的关于旅游目的地的定义,专家们分别从空间、功能、影响、内容等方面给出了自己关于目的地独到的见解。

2.2 旅游目的地居民的组成

国外于20世纪70年代开始研究旅游目的地居民受旅游的影响,1979年Nettekoven认为旅游目的地居民应当包括:当地居民、被访国的人民或受雇于旅游行业而为旅游者提供服务的人——职业性东道主。国内是20世纪80年代开始提出受旅游影响的旅游目的地居民。2002年,宣国富、陆林、章锦河、杨效忠[34]在研究"海滨旅游地居民对旅游影响的感知"时将旅游目的地居民分为了旅游部门居民和非旅游部门居民,其中家人或亲戚朋友中有人从事与旅游业相关职业的居民合称为旅游部门居民,其余称为非旅游部门居民。章锦河[35]在2003年研究"古村落旅游地居民旅游感知分析"时将旅游目的地居民划分为:旅游业及其相关行业从业人员、家庭中有人从事旅游业及其相关行业工作的人员、与旅游业无直接或间接关系的人员、政府机关人员。黄震方、顾秋实、袁林旺[36]在2008年《旅游目的地居民感知及态度研究进展》中基于前人的研究将旅游目的地居民分为:旅游业及其相关行业从业人员、亲朋好友中有人从事旅游业及其相关行业工作的人员、与旅游业无直接或间接关系的人员、政府决策或管理机关人员或旅游业管理人员。虽然国内学者对于旅游目的地居民的划分各有各的看法,但其中大都包括旅游业及其相关行业从业人员以及亲朋好友中有人从事旅游业及其相关行业工作的人员,由此可见他们受旅游业的影响较之普通人更为特殊。

2.3 旅游目的地居民幸福感影响因素

国外自20世纪70年代研究旅游目的地居民受旅游的影响以来取得了许多成果,Faulkner[37]等人于2000年研究澳大利亚东海岸旅游案例时发现这个具有众多老年人的成熟旅游目的地中虽然老年居民对各种安全问题更加敏感且许多老年受访者将交通堵塞、犯罪率上升、社会问题、警察和卫生服务紧张等问题归咎于旅游业,但他们能够坦然面对这些负面影响并和年轻人一样对旅游业的好处表示赞赏,这项研究表明该地区老年人正在有效地应对旅游;Victor Teye[38]等通过居民对旅游发展的态度量表,进行城镇对比,发现由于旅游带来的经济发展未能惠及大部分民众,关于旅游的正面影响大都用英文进行报道,普通居民看不懂,民众旅游参与度低等原因导致了 Elmina 和 Cape Coast 两个地区的大部分居民对旅游开发和游客都有一定程度的不满；Haley[39]等则认为居民参与旅游规划、发展和经营活动会提升幸福感。综上所述，旅游从经济、政治、文化、社会、人口统计学因素等方面对旅游目的地居民产生了影响，虽然国外少有研究旅游目的地居民幸福感的影响因素的文献，但这些成果对进一步研究旅游目的地居民幸福感意义深远。

国内自 20 世纪 90 代开始研究旅游目的地居民幸福感的影响因素，到现在学者们对相关影响因素基本上已经达成了共识：宏观层面包括政治、经济、社会、文化、生态等，微观层面包括性别、年龄、受教育程度、职业、婚姻家庭状况、人际关系、心态、性格特征、适应性等。围绕着这些因素研究人员开展了大量的研究：黎志逸、赵云、程道品[40]认为收入、人格、自尊和人际关系是主要影响旅游目的地居民幸福感的几个要素；2012 年高园、陈小燕[41]进行了旅游经济与目的地居民幸福感的关系研究，他们认为单纯的经济增长不完全等同于人们的快乐与幸福，政府需要摆正经济发展和人民幸福的位置，因为目的地居民的幸福感不仅直接反映了旅游经济的发展成果，还会反作用于当地旅游业的发展；2012 年高园[42]进行了旅游目的地居民主观幸福感的外在影响因素研究，该研究分别从经济、社会、生态、文化、政治五个层面探究具体的旅游目的地居民主观幸福感影响因素，研究发现：经济方面的影响程度是个人收入＞物价水平＞就业机会＞贫富悬殊＞当地 GDP；社会方面的影响程度是社会保障体系＞社会治安＞公共基础设施＞生活方式＞当地知名度；生态方面的影响程度是居住环境＞污染情况＞卫生状况＞自然资源＞动植物保护；文化方面的影响程度是道德文明水平＞文化交流＞传统文化及民族风俗＞文物保护＞普通话推广；政治方面的影响程度是政治民主权利＞旅游参与程度＞社会公平与正义＞反映利益诉求与不满＞政府廉洁高效。

对影响旅游目的地居民幸福感的因素国内学者虽已总结得十分全面，然而甚少有学者对各影响因素具体影响幸福感理论框架中的哪个要素进行研究，大多都是通过访谈或自我判断进行说明。而导致这种现象产生的一个重要的原因就是研究者并未能建构出旅游目的地的居民幸福感的理论框架。

2.4　旅游目的地居民幸福感的测度方法

国外的测度方法已经相当的成熟，除了前文提到的各种幸福感的测度量表外，在研究旅游对旅游目的地居民的影响时学者们还会编制影响因素的测度量表并且运用统计分析法，即根据数据特性借助各种统计方法，探讨各因素对旅游目的地居民的影响程度、相关性，并根据效度、信度筛选出相关性高的影响因子，剔除相关性低的影响因子,根据因子影响力不同提出优化策略。1994 年 Lankford 和 Howard[43]在前人研究的基础上编制了旅游影响态度量表,该量表包含 2 个因子大类(对当地旅游发展的关心、个人及社区福利),由 27 个变量指标所组成;2000 年 Frediline[44]等人通过聚类分析,将对旅游发展持不同态度的居民分为有矛盾的支持者、憎恨者、现实主义者、热爱者和顾虑者,有矛盾的支持者对旅游发展的正面和负面影响持轻度的赞成意见,憎恨者对旅游的负面影响持较强的赞成意见,现实主义者承认旅游发展具有正面和负面影响,热爱者非常赞成旅游的正面影响且不赞同旅游的负面影响,顾虑者对部分旅游的正面影响持赞成意见而非常赞成的大多是旅游的负面影响;2002 年 Teye[38]在研究居民对旅游发展的态度时进行因子分析提取出了主客互动、积极的文化影响、社会福利、负面的生活干扰、经济成本、性纵容以及拥挤感知等 7 个因子。

许多国内学者都会借助国外的测度方法进行研究,部分学者会自主编制测度量表研究旅游目的地居民幸福感,但他们大多同时也会运用到国外的统计方法:黎志逸、赵云、程道品[40]编制了旅游目的地居民幸福指数评价体系,该体系包含 3 个准则层(物质指数、人际指数、精神指数)和 16 个评价指标;2012 年高园[42]研究旅游目的地居民主观幸福感的外在影响因素时建立了旅游目的地居民主观幸福感的递阶层次模型,构造了两两比较判断矩阵研究各影响因素的权重;张彦、于伟[45]在 2014 年研究主客冲突对旅游目的地居民心理幸福感的影响时借助 Kaiser 将因子分为四个:资源环境冲突、经济利益冲突、生活习惯冲突、认知情感冲突,运用探索式因子分析得出的结果为:本地更为拥挤、环境污染、造成垃圾、破坏原有居住氛围、挤占生活空间、丧失资源控制这六个因素导致了资源环境冲突;引发物价上涨、消费唯利是图这两个因素导致了经济利益冲突;冲击原有民俗、改变本地生活习惯、消极影响社会风气、治安问题、曝光地方隐私这五个因素导致了生活习惯冲突;交往误会、缺乏信任、态度冷淡、消费行为差异、社会地位差异、价值观差异这六个因素导致了认知情感冲突。

3 乡村旅游目的地居民幸福感

3.1 乡村旅游

笔者通过在 WOS 以及百度学术中以"Rural Tourism""Agrotourism""Farm Tourism"和"Village Tourism"为题目/主题查找英文文献,共检索出 5 483 篇发表

于 1971 年至 2020 年的期刊论文、硕博论文和会议论文。在阅读文献的过程中了解到乡村旅游诞生于意大利,以 1865 年意大利"农业与旅游全国协会"的成立为标志。其较典型的定义是英国 Gannon[46]、Bramwell 和 Lane[47] 分别做出的。前者认为乡村旅游是指农民或乡村居民出于经济目的,为吸引旅游者前来旅游而提供的广泛的活动、服务和令人愉快事物的统称。后两者认为乡村旅游不仅是基于农业的旅游活动,而是一个多层面的旅游活动,它除了包括基于农业的假日旅游外,还包括特殊兴趣的自然旅游、生态旅游,在假日步行、登山和骑马等活动,探险、运动和健康旅游,打猎和钓鱼,教育性的旅游,文化与传统旅游以及一些区域的民俗旅游活动。后来的学者们多数是从经济(Gill[48])、旅游产品和服务质量(Dernoi[49])、合作开发(Ipson[50])、市场营销(Pearce[51])、冲突管理(Klejdzinski[52])等角度进行研究。

国内乡村旅游的研究始于 20 世纪 90 年代,笔者在知网以及百度学术中以"乡村旅游"为题目/关键字/主题查找中文文献,共检索出 30 645 篇发表于 1990 年至 2020 年的期刊论文、硕博论文和会议论文,在这些论文中学者们多数是从乡村旅游的基础理论以及实证或个案研究,近年来有些学者也会结合时政热点进行研究。例如 2004 年查芳[53]在《对乡村旅游起源及概念的探讨》一文中详细列出了 11 个较具典型的定义,其中包括:杨旭提出的所谓乡村旅游,就是以农业生物资源、农业经济资源、乡村社会资源所构成的立体景观为对象的旅游活动;马波提出的乡村旅游是以乡村社区为活动场所,以乡村独特的生产形态、生活风情和田园风光为客体的类型;杜江和向萍提出的乡村旅游就是农户为旅游者提供住宿等条件,使其在农场、牧场等典型的乡村环境中从事各种休闲活动等。2014 年贺爱琳等人[54]以秦岭北麓乡村旅游地为例研究了乡村旅游发展对农户生计的影响,得出了乡村旅游深刻改变了农户传统的生计组合模式,造成了当地农业生产功能衰退、改变了农户的生计资本储量和组合形式等结论。黄震方等人[55]则结合新型城镇化的热点研究了新型城镇化背景下的乡村旅游发展,他们认为应当通过深化理论研究和强化实践应用,推动乡村旅游提质增效升级,引导具备条件的乡村走以旅游为导向的中国特色新型城镇化道路,实现城乡旅游互补和协调发展。

3.2 乡村旅游目的地居民幸福感

至今为止学者们对乡村旅游目的地居民幸福感的研究还十分缺乏,但已有研究者构建出了乡村旅游目的地居民幸福感的理论框架。杨玉兰[56]在《乡村旅游目的地居民幸福度感知及影响因素研究——以浙江省安吉县为例》中得出了乡村旅游通过个人发展、物质保障、精神修养、公共服务、生态环境以及旅游参与六个方面影响旅游目的地居民幸福感。这是一个认知性的突破,然而由于研究过少,并没有很多学者对该理论框架进行验证、补充或批判,从而无法判断该框架的通用性和准确性。

4 研究述评与展望

在过去的研究过程中,国外学者在幸福感研究中已取得了颇多成果,幸福感的理论已经相当丰富成熟,幸福感主要分为主观幸福感、心理幸福感、精神幸福感以及社会幸福感这四个研究方向,其中心理幸福感和主观幸福感最受研究者的青睐。国内学者由于研究时间晚于国外,很多研究都是建立在国外研究的基础上,近年来国内学者不断创新已见成效,然而幸福感理论的繁杂致使部分文献中对幸福感构成要素的定义混乱。

国外研究幸福感主要分为三个历程:描述比较、理论建构、测量发展;而国内则分为学习并总结国外先进的幸福感理论知识、结合海外理论对幸福感进行实证研究、自行编制测度工具并深入研究幸福感影响因素、研究提升幸福感的因素并构建自身理论架构四个阶段。

关于旅游目的地的定义,专家们分别从空间、功能、影响、内容等方面给出了自己独到的见解,未来研究旅游目的地居民幸福感的学者们在选定研究对象时可从这几个角度全面考量旅游目的地的选择是否适宜。在过往的文献中旅游目的地居民主要可分为三大类:旅游业及其相关行业从业人员、亲朋好友中有人从事旅游业及其相关行业工作的人员、与旅游业无直接或间接关系的人员,研究者们在进行实证研究时应当将他们全部涵盖以确保数据质量。而对于乡村旅游的定义及研究,学者们已相对成熟。

在旅游目的地的居民幸福感研究方面国外学者鲜有涉及,但他们在研究旅游对旅游目的地居民的影响结果上能对该研究方向提供巨大助力。国内学者将旅游目的地居民幸福感的影响因素主要总结为政治、经济、社会、文化、生态几个方面,虽然影响因素已经被囊括得较为全面,但是学者们对旅游目的地居民幸福感的理论框架多有忽略,对影响因素及理论框架间联系的定量研究也有所欠缺,多数文献中出现了影响因素与幸福感理论模型脱节的情况,学者们难以追溯影响因素与幸福感构成要素间的影响机制。而对乡村旅游目的地居民幸福感的研究则更为稀缺,虽然已有学者做出突破,设计出了一个完整的理论框架但缺乏验证和比较,笔者认为旅游目的地居民未来的可能的研究趋势如下所述:

(1)对各项概念追根溯源,明确幸福感的定义及构成要素。学者们在进行自我创新时应当紧紧把握自己所引用的概念的初始定义,主观幸福感的初始定义便是偏向生活质量的,心理幸福感的初始定义则是偏向心理层面的满足。若是将心理幸福感的构成要素套用至主观幸福感的构成要素显然不恰当,这样会造成各种概念的模糊定义,混乱读者思维。

(2)建立旅游目的地居民幸福感的理论框架,研究影响因素与幸福感构成要素间的影响机制。虽然影响因素已十分全面,但旅游目的地居民幸福感理论框架的缺乏让读者们很难理解这些影响因素究竟是如何影响居民幸福感的。研究者们应当刨根问底,将未来的研究目光放在构建旅游目的地居民幸福感的理论框架上,并通过实证研究了解影响因素与构成要素间的影响机制。

(3)更多地聚焦于乡村旅游目的地居民幸福感的研究。在乡村振兴战略的浪潮下,乡村旅游对民生问题的解决具有至关重要的作用,因而社会各界人士对乡村旅游的关注不可谓不密切,而乡村旅游目的地居民幸福感无疑是反映民生问题是否得到完美解决的重要考核标杆,乡村旅游目的地的居民幸福感必将牵动更多人的心,未来学者们在进行研究时可以更多地涉及乡村旅游目的地居民幸福感这个方向,可以自行研究出完整的理论框架,也可以在前人研究框架的基础上进行验证和补充。

参考文献

[1] Wilson W. Correlates of avowed happiness [J]. Psychological Bulletin,1967,67(4):294-306.

[2] RYAN R M,DECI E L. On happiness and human potentials:A review of research on hedonic andeudaimonic well-being [J]. Annual Review of Psychology,2001,52:141-166.

[3] MYERS D G,DIENER E. Who is happy? [J]. Psychological Science,1995,6(1):10-19.

[4] WATERMAN A S. Two conceptions of happiness:Contrasts of personal expressiveness (eudaimonia) and hedonic enjoyment[J]. Journal of Personality and Social Psychology,1993,64(4):678-691.

[5] RYFF C D. Happiness is everything,or is it? Explorations on the meaning of psychological well-being [J]. Journal of Personality and Social Psychology, 1989,57(6):1069-1081.

[6] RYAN R M,DECI E L. Self-determination theory and the facilitation of intrinsic motivation, social development, and well-being [J]. The American Psychologist,2000,55(1):68-78.

[7] GOMEZ R,FISHER J W. Domains of spiritual well-being and development and validation of the spiritual well-being questionnaire [J]. Personality and Individual Differences,2003,35(8):1975-1991.

[8] 徐晓波,孙超,汪凤炎. 精神幸福感:概念、测量、相关变量及干预[J]. 心理科学进展,2017,25(2):275-289.

[9] SUZANNE M,SHELLEY D C,PETER N. America's social well-being index forp93 [J]. Christian Science Moniter,1995,87 (224):2.

[10] KEYES C L M. Social well-being [J]. Social Psychology Quarterly,1998,61(2):121.

[11] 池丽萍,辛自强. 幸福感:认知与情感成分的不同影响因素[J]. 心理发展与教育,2002,18(2):27-32.

[12] 李承宗,韩仁生. 幸福感与不幸福感的影响因素探究[J]. 心理研究,2011,4(2):52-56.

[13] DIENER E,SUH E M, LUCAS R,et al. Subjective well-being:Three decades of progress [J]. Psychological Bulletin,1999,125(2):276-302.

[14] MCKENNELL A A C. Measures of self-reported well-being: Their affective, cognitive, and other components [J]. Social Indicators Research:An International and Interdisciplinary Journal for Quality-of-Life Measurement,1980,8(2):127-155.

[15] 王宜山. 论幸福心理[J]. 山东社会科学,1989(2):88-92.

[16] 胡丙长. 如何全面评价心理、社会健康状况[J]. 国外医学(社会医学分册),1990,7(2):74-77.

[17] 唐若水. 富裕的日本人缺乏"幸福感"[J]. 世界知识,1991(13):31.

[18] 景淑华,张积家. 大学生主观幸福感的研究[J]. 青年研究,1997(1):21-25.

[19] 苗元江. 心理学视野中的幸福:幸福感理论与测评研究[D]. 南京:南京师范

大学,2003.

[20] 罗楚亮.城乡分割、就业状况与主观幸福感差异[J].经济学,2006,5(3):817-840.

[21] 陈欣,程振锋,王国成.家庭旅游提升国民幸福感的实证研究[J].首都经济贸易大学学报,2020,22(1):10-20.

[22] Carley M J. Social Measurement and Social Indicators: Issues of Policy and Theory [J]. Annals of the American Academy of Political & Social,1981,453(5):237-253.

[23] KOZMA A,STONES M J. The measurement of happiness: Development of the memorial university of Newfoundland scale of happiness(MUNSH)[J]. Journal of Gerontology,1980,35(6):906-912.

[24] DECI E L,RYAN R M,GAGNÉ M,et al. Need satisfaction,motivation,and well-being in the work rganizations of a former eastern bloc country: A cross-cultural study of self-determination[J]. Personality & Social Psychology Bulletin,2001,27(8):930-942.

[25] 熊承清,许远理.生活满意度量表中文版在民众中使用的信度和效度[J].中国健康心理学杂志,2009,17(8):948-949.

[26] 钟美珠,谢云天.基于纽芬兰纪念大学幸福感量表的养老机构老年人幸福感 Meta 分析[J].中国老年学杂志,2019,39(4):965-967.

[27] 段建华.主观幸福感概述[J].心理学动态,1996,4(1):46-51.

[28] LEIPER N. Tourist attraction systems [J]. Annals of Tourism Research,1990,17(3):367-384.

[29] HU Y,RITCHIE J R B. Measuring destination attractiveness: A contextual approach [J]. Journal of Travel Research,1993,32(2):25-34.

[30] 保继刚,楚义芳.旅游地理学[M].修订版.北京:高等教育出版社,1999.

[31] 张立明,赵黎明.旅游目的地系统及空间演变模式研究:以长江三峡旅游目的地为例[J].西南交通大学学报(社会科学版),2005,6(1):78-83.

[32] 巫宁.信息传播:旅游目的地营销与服务的关键环节[J].旅游学刊,2007,22(10):67-70.

[33] RESISINGER Y. 旅游跨文化行为研究[M].朱路平,译.天津:南开大学出版社,2004:01-305.

[34] 宣国富,章锦河,陆林,等.海滨旅游地居民对旅游影响的感知:海南省海口市

及三亚市实证研究[J]. 地理科学,2002,22(6):741-746.

[35] 章锦河. 古村落旅游地居民旅游感知分析:以黟县西递为例[J]. 地理与地理信息科学,2003,19(2):105-109.

[36] 黄震方,顾秋实,袁林旺. 旅游目的地居民感知及态度研究进展[J]. 南京师大学报(自然科学版),2008,31(2):111-118.

[37] TOMLJENOVIC R,FAULKNER B. Tourism and older residents in a sun-belt resort [J]. Annals of Tourism Research,2000,27(1):93-114.

[38] TEYE V,SIRAKAYA E,F SÖNMEZ S. Residents' attitudes toward tourism development [J]. Annals of Tourism Research,2002,29(3):668-688.

[39] HALEY A J,SNAITH T,MILLER G. The social impacts of tourism a case study of Bath,UK [J]. Annals of Tourism Research,2005,32(3):647-668.

[40] 黎志逸,赵云,程道品. 旅游目的地居民幸福指数评价体系构建[J]. 商业时代,2009(29):104-106.

[41] 高园,陈小燕. 旅游经济与目的地居民幸福感的关系研究[J]. 福建省社会主义学院学报,2012(4):67-69.

[42] 高园. 旅游目的地居民主观幸福感的外在影响因素研究:基于海南国际旅游岛的实证调查[J]. 生态经济,2012,28(11):86-90.

[43] LANKFORD S V,HOWARD D R. Developing a tourism impact attitude scale [J]. Annals of Tourism Research,1994,21(1):121-139.

[44] FREDLINE E,FAULKNER B. Host community reactions:A cluster analysis [J]. Annals of Tourism Research,2000,27(3):763-784.

[45] 张彦,于伟. 主客冲突对旅游目的地居民心理幸福感的影响:基于山东城市历史街区的研究[J]. 经济管理,2014,36(4):117-125.

[46] GANNON. Inte kloeze [M]. London:Channel View Publications,1994.

[47] BRAMWELL B,LANE B. Rural tourism and sustainable rural development [M]. London:Channel View Publications,1994.

[48] GILL G A. The effects of "on farm tourism",on the rural community and on farming in the united kingdom [J]. Tourism Recreation Research,1991,16(1):69-71.

[49] DERNOI L A. Canadian country vacations:The Farm and Rural Tourism in Canada [J]. Tourism Recreation Research,1991,16(1):15-20.

[50] IPSON G. A small town revival through tourism: Jamesport, missouri [J]. Economic Development Review, 1989.

[51] PEARCE P L. Farm tourism in New Zealand: A social situation analysis [J]. Annals of Tourism Research, 1990, 17(3): 337-352.

[52] KLEJDZINSKI M. Report on tourism and agriculture [J]. Tourism Recreation Research, 1991, 16(1): 10-13.

[53] 查芳. 对乡村旅游起源及概念的探讨[J]. 安康师专学报, 2004, 16(6): 29-32.

[54] 贺爱琳, 杨新军, 陈佳, 等. 乡村旅游发展对农户生计的影响: 以秦岭北麓乡村旅游地为例[J]. 经济地理, 2014, 34(12): 174-181.

[55] 黄震方, 陆林, 苏勤, 等. 新型城镇化背景下的乡村旅游发展: 理论反思与困境突破[J]. 地理研究, 2015, 34(8): 1409-1421.

[56] 杨玉兰. 乡村旅游目的地居民幸福度感知及影响因素研究: 以浙江省安吉县为例[D]. 杭州: 浙江工商大学, 2017.

第八章
乡村旅游目的地旅游者亲环境行为意图

1 乡村旅游与旅游者亲环境行为

乡村旅游是旅游业的重要组成部分,是实施乡村振兴战略的重要力量,在加快推进农业农村现代化、城乡融合发展和地区脱贫攻坚等方面发挥着重要作用。发展乡村旅游是实现乡村振兴战略的重要途径,利用乡村自然资源和人文资源,有效促进农村一二三产业融合发展,助力乡村振兴。党的十九大提出了实现乡村振兴的重大举措,同时也提出加强乡村生态环境保护。"绿水青山就是金山银山",乡村振兴的建设,应以生态保护为优先,坚持绿色发展理念,营造美丽、清洁的乡村,让人们在乡村振兴中获幸福感、归属感。因此,在建设美丽乡村的乡村旅游战略发展之路上,必须注重生态环境的建设和保护。

乡村生态旅游不仅能满足游客休闲观光、娱乐放松和农事体验等需求,还能具有科普教育、民俗认知和保护环境等作用,在保护乡村生态环境与文化传统的同时实现当地社会经济的可持续发展(邱美云[1])。我国乡村旅游发展在取得巨大成就的同时,也面临着严峻的生态环境挑战。乡村旅游越是发达的地区,环境污染问题越是严重。良好的生态环境是乡村旅游目的地赖以生存的基础。一方面,生态环境是吸引旅游者的核心要素之一,另一方面,生态环境质量直接影响旅游者的体验质量。乡村生态环境的破坏不仅使旅游产业发展的资源基础无以为继,而且会对景区所在地的其他相关产业和居民生活质量造成负面效应(李志飞和李天骄[2])。而这些负面影响不仅与旅游活动的参与者——旅游者密切相关(范钧等[3],贾衍菊和林德荣[4],马骏[5]),还与当地社区居民及企业有很大联系(杨学儒和李浩铭[6],朱晓翔和乔家君[7],张大钊、马秋芳、赵振斌[8])。他们有意或无意的旅游行为都可能给目的地生态环境带来破坏(范香花等[9])。旅游对乡村有一系列有据可查的负面环境后果,旅游活动以多种方式影响目的地:经济、社会和环境,本研究侧重于乡村旅游地的环境维度。很少有政府采取监管措施来防止这种负面影响,这可能是因为它可能减少旅游需求,并同时减少旅游收入。旅游业也往往不会自我调节,这可能是因为实施环境可持续措施会增加运营费用(Juvan 和 Dolnican[10])。当试图提高乡村旅游地的环境可持续性时,游客可能是有希望的目标。游客可以通过制定环境可持续的度假决定并在到达目的地时以环境可持续的方式行事,从而减少这种负面影响。

"知之非艰,行之惟艰",这个成语用在环境问题上再合适不过。环境问题是一个复杂的社会问题,即使旅游者有支持环境保护意向也并不总是按照意向行事,出现这种现象并不奇怪。有一些人开着高油耗的车每天抱怨汽油价格、空气差,试图对这样的人解释为什么你要关心地球,真的很难。人在反思环境问题时容易将自身排除在外,以一个局外人的视角看待环境问题。因此,乡村旅游地的环境责任归因很可能在游客与当地社区间存在推诿现象。有关环境行为的心理学提供了更为一般的理论观点,对有助于促进环境行为的心理变量给予很大的关注(Ruepert、Keizer 和 Steg 等[11])。计划行为理论(TPB)认为旅游者亲环境行为意图的主要预测因素通常包括态度和感知等(Ajzen[12]),不受所处的情境影响。事实上,旅游者的亲环境行为意图不但受自我对目的地的情感因素影响,还会受到所处情境的影响。本文引入自我认同和地方依恋作为 TPB 内部变量的补充预测和调节因素,再考虑旅游导向的情境因素(个体实施成本和社会参照规范),以此解释为什么旅游者不能总是采取亲环境行为。将计划行为理论(TPB)、目标导向行为理论(MGB)和态度—情境—行为理论(ABC)应用于乡村目的地旅游者亲环境行为,检验了自我认同、地方依恋和情境因素在各心理变量与亲环境行为意图关系中的调节作用。

2 理论基础及假设模型

2.1 相关理论回顾

Kiatkawsin 和 Han[13]认为环境责任行为、亲环境行为、环境友好行为、生态友好行为等术语是可以互换使用。研究乡村旅游目的地亲环境行为必须首先理解个体行为背后的心理机制。不同的理论解释了个体行为及其背后不同的心理机制。在传统行为学研究中,普遍将经济学中"理性人"假设作为个体行为的基本前提,即行为主体都力图以自己最小的经济代价去获得自己最大的经济利益,而消费者就是主要的行为主体之一。那么,在现实生活中,旅游者是否会超越自身经济利益,做出社会责任消费的行为选择?这背后的影响机制是怎样的呢?环境问题的根源在于人类的行为,引导旅游者实施亲环境行为是旅游环境治理的基本思路。环境行为是一种利他行为,部分人担心只有巨大规模的环境危机才足以刺激公众谴责那些非环保行为。然而,另一些人则认为,个人行动可以帮助促使人们广泛认识到环境问题的严重性。

普遍采用计划行为理论(TPB)及价值信念规范理论(VBN)来探讨亲环境行为或亲环境行为意图。在理性行为理论基础上,Ajzen[12]引入了感知行为控制变量,提出了计划行为理论,认为态度并不直接影响行为本身,而是通过行为意向施加影响,同时意向还受社会规范以及感知到的行为控制影响。Stern[14]在此基础上纳入价值观和信念,从而提出的价值信念规范理论,个体的行动首先受到价值观的影响,然后经过人类与环境关系的一般信念,再到个体对行为负面结果及降低负面结果带来威胁的信念,最后激活个人规范,从而产生环境行为责任感。另有诸多学者尝试在同一研究中将理性行为理论、计划行为理论、VBN 理论等加以比较或结合使用。已有研究发现行为意图并不能等同于行为,所有的心理学变量对亲环境行为意图能解释了 52% 的变异,对实际行为只解释了 27%(Bamberg 和 Möser[15])。

狭义亲环境旅游者的出游动机在于资源维护和环境学习,其环保态度坚固、强劲,足以直接引致行为意愿,TPB 更适用于这一群体(Stamou 和 Paraskevopoulos[16])。相反,大众旅游者以追求自身游憩质量为目标,对环保理念的吸收效果薄弱,甚至存在抵制心理。因为 TPB 缺乏反映其环保态度是如何被驱动和强化到足以引致行为的过程,在应用时就极有可能出现明显的"态度-行为意愿"缺口。因此,考虑有关亲环境行为的其他理论是必要选择,Guagnano 等[17]发展了态度—情境—行为理论(ABC),指出环境行为是环境态度变量和情境因素相互作用的结果。态度—情境—行为理论的贡献在于,发现了两类因素(内在态度因素和外部情境因素)对行为的影响,并验证了情境因素对环境态度和环境行为之间关系的调节作用。但在旅游领域,尚未有探索情境因素对旅游者心理因素与亲环境行为意图关系的调节作用。在借鉴 TPB 理论的基础之上,Perugini 和 Bagozzi[18]提出了目标导向行为模型(MGB)(2001)。基于 MGB 的指导,大众游客亲环境行为的驱动关键就在于识别外加驱力——个体与特定地方的纽带联系,地方依恋具备担此重任的潜力(Scannell 和 Gifford[19])。当前多数文献都支持地方依恋对亲环境行为的积极效应,二者关系的未成定论被归因于地方依恋的测量(Chen、Dwyer 和 Firth[20])。在旅游情境下,已有研究应用 MGB 模型进行了实证检验,如:旅客环境责任型酒店入住意向(Han 和 Yoon[21])。

已有研究主要从 TPB、VBN 等理论视角来揭示旅游者亲环境行为形成机制,较少涉及 MGB 模型的溢出效应视角,缺乏对 ABC 理论在旅游情境下的实际应用。随着研究不断深入,已有学者通过整合相关理论视角对整合模型进行了实证检验,如,"TPB+VBN"(Han[22])、"NAM+MGB"(Han、Jae 和 Hwang[23])、"VBN+期望理论"(Kiatkawsin 和 Han[13])。这些模型提升了对旅游者亲环境行为的预测力与解释力,但未能充分整合心理因素和情境因素等关键因素,导致整合模型未能充分解释与预测旅游者亲环境行为。

2.2 假设模型构建

2.2.1 TPB 模型中变量对行为意图的直接影响

计划行为理论(TPB)有助于解释各种社会行为所涉及的因素,包括亲环境行为。该模型表明态度、主观规范和感知行为控制参与了确定意图形成和行为制定的决策过程。大量研究证实旅游者环境态度对其 ERB 有显著的正向影响(祁秋寅等[24];余晓婷等[25])。此外,主观规范等因素也被证实能够显著影响旅游者亲环境行为(Harland、Staats 和 Wilke[26];Han[22])。Wei、Chiang 和 Kou 等[27]发现对环境抱有高度信念的消费者更倾向于选择对环境可持续性有利的行为。在旅游情境下,已有研究应用计划行为理论进行了实证检验,例如绿色酒店消费选择(Han、Hsu 和 Sheu[28])、文明旅游行为意向(邱宏亮[29]),并证实 TPB 模型具有良好的预测效力与解释效力。基于上述研究,本研究假设 TPB 模型内的各变量对行为存在显著的直接影响,相应的研究假设如下:

H1:TPB 模型内的各变量对行为意图存在显著的直接影响。

H1a:态度对行为意图存在显著的直接影响;

H1b:主观规范对行为意图存在显著的直接影响;

H1c:感知行为控制对行为意图存在显著的直接影响。

2.2.2 自我认同对 TPB 模型的调节影响

已有研究发现行为意图并不能等同于行为,所有的心理学变量对亲环境行为意图能解释了 52% 的变异,对实际行为只解释了 27%(Bamberg 和 Möser[15]),存在明显的局限性。因此,除了测量行为意图、态度、主观规范、感知行为控制、过去的行为和未来的行为,本研究引入环境自我认同、地方依恋和情境因素作为 TPB

模型的补充预测因素,考虑其是否存在显著的调节作用。先前研究的另一个弱点是,亲环境行为感兴趣的关系很可能在个人内部,为了克服这个问题,环境自我认同被作为个人水平的变量进行了检验。旅游是人们离开日常生活圈,前往异地寻求愉悦的行为。当旅游者从日常生活羁绊中游离出来,沉醉在一个陌生的环境中时,旅游者不仅认识了所遭遇的陌生环境,同时也重新认知自己和他人。在旅游过程中,旅游者通过对自己所遇到的人、事、物等的认识,会生成各种形式的认同(陈才和卢昌崇[30])。

关于自我认同对 TPB 模型中各变量的调节作用并未有一致的研究结论。Terry、Hogg 和 White[31]并未发现自我认同与再循环行为之间存在显着的相互作用,但发现当家庭回收的自我认同相对较低时,PBC 模型的各变量与意图更密切相关。尽自我认同可能会调节任何一种关系,但先前研究通常探索了自我认同对行为感知控制与行为意图间关系的调节效应(Cheng 和 Chu[32])。Carfora、Caso 和 Sparks 等[33]表明自我认同可以预测个体的亲环境行为且对感知行为控制与行为意图有显著的调节作用。目前尚无研究探索在乡村旅游情境下自我认同对行为意图的调节效应是否成立,因此,本文提出如下假设来探讨自我认同与 TPB 模型的各变量(行为态度、主观规范、感知行为控制)可能存在的交互作用:

H2:自我认同对 TPB 模型中各变量有显著的调节作用。

H2a:自我认同对行为态度与行为意图间关系有显著的调节作用;

H2b:自我认同对主观规范与行为意图间关系有显著的调节作用;

H2c:自我认同对感知行为控制与行为意图间关系有显著的调节作用。

2.2.3 地方依恋对 TPB 模型的调节影响

地方依恋是指一种积极的人地关系(Williams 和 Roggenbuck[34])。旅游目的地作为一个特殊的地方,旅游者的地方依恋普遍存在(Larsen[35])。基于目标导向行为模型(MGB)模型,旅游者亲环境行为的驱动关键就在于识别切中要害的外加驱力。地方依恋概念(即:个体与一个特定地方的纽带联系)就具备担此重任的潜力(Scannell 和 Gifford[19])。旅游者地方依恋影响因素的相关实证研究呈现零散化、结论多样性的特征,诸多实证结果显示地方依恋与亲环境行为两者具有显著相关关系(Scannell 和 Gifford[19])。Halpenny[36]发现国家公园游客在旅游过程中产生的地方依恋不仅显著影响其亲环境行为的实施,而且对个体回到日常环境后的亲环境行为意愿也有正向影响。多数研究引入其他变量考察其与地方依恋对旅游者亲环境行为的综合影响,如周玲强等[37]将地方依恋纳入计划行为理论框架探讨旅游者亲环境行为的影响机制。

关于地方依恋的维度概念也不尽相同,有地方依赖和地方认同两维度划分(祁潇潇、赵亮、胡迎春[38]),也有地方依赖、地方认同和地方情感三维度划分(曲颖、吕兴洋、沈雪瑞[39])。地方依赖是旅游者对旅游地的功能性依恋,其产生取决于环境的独特性同个体需求之间的匹配程度,它反映了地方提供必要的条件以进行某些休闲活动的重要性(潘莉、张梦、张毓峰[40])。地方认同则是一种情感性依恋,是旅游者对地方所具备的象征属性产生的自我认同,它可以提高个人对旅游目的地的归属感(Prayag 和 Ryan[41])。关于地方依恋的维度划分,也有学者认为地方依恋理论的使用应视实际研究问题而定(唐文跃[42])。本文的研究对象是乡村旅游地,并没有特定的目的地,因此,本文只采用了地方依恋维度中的地方认同。

H3:地方依恋对 TPB 模型有显著的调节作用。

H3a:自我认同对行为态度与行为意图间关系有显著的调节作用;

H3b:自我认同对主观规范与行为意图间关系有显著的调节作用;

H3c:自我认同对感知行为控制与行为意图间关系有显著的调节作用。

2.2.4　情境变量对 TPB 模型的调节影响

狭义亲环境旅游者本质上就具备某种显著驱动环保意愿的价值导向(如社会利他主义、生物圈、自我超越等),而大众游客的内在心理并非真正为了环保而环保。尽管大众亲环境旅游者与狭义亲环境旅游者都能表现出外在亲环境行为,但两者的心理活动机制有一定的区别。本文的研究对象乡村目的地旅游者即为大众旅游者,情境因素客观上扮演了其态度转化为亲环境行为的边界条件,导致行为意图出现差异现象(戚海峰、于辉、向伟林等[43])。亲环境行为并非都是由自我驱动,很多是受到外部力量影响的产物(曲颖、吕兴洋、沈雪瑞[39])。情境因素的加入意味着存在多种内外因素加强或是削弱态度与行为意图间的关系,但现有的研究往往没有考虑内外多情境下的相互影响,尤其在乡村旅游领域,情境因素是如何影响旅游者的内在心理机制的。

情境变量包括内部情境变量(个体实施成本)和外部情境变量(社会参照规范)两方面(王建明等[44],王建明[45]),确有可能调节着乡村目的地旅游者亲环境行为意图。关于个体实施成本,Thøgersen 和 Ölander[46]指出,人类价值观和可持续消费模式间存在相关关系。但价值观是可持续消费模式的远端决定因素,对行为意图的直接影响很弱,需要通过 TPB 模型的变量(如行为态度、感知行为控制等)来发挥作用。Hirsh 和 Dolderman[47]认为,高物质主义的个体占有欲强,对物质财富和物质占有非常看重,不愿意牺牲个人利益。在追求物质占有的过程中,他们很可能忽视社会的环境保护问题。在社会参照规范中,不少研究表明了社会参照因素对行为意图存在显著影响。Staats 等[48]发现,积极的社会规范可以有效促进个体自愿实行亲环境行为。Abrahamse 等[49]的回顾表明,社会规范是能源节约行为的一个决定因素。王建明[50]的质化研究也发现社会参照规范的调节作用。正如,态度—情境—行为理论(ABC)指出亲环境行为是内在态度因素和情境变量共同作用的结果(Guagnano、Stern 和 Dietz[17]),并验证了情境变量在态度与亲环境行为关系中的调节效应。但遗憾的是,尚未有文献在旅游情境下探讨情境因素对旅游者心理因素与亲环境行为关系的调节作用(邱宏亮、范钧、赵磊[51])。因此,本文在乡村旅游情境下,提出如下假设:

H4:情境因素对 TPB 模型有显著的调节作用。

H4a:情境因素对行为态度与行为意图有显著的调节作用;

H4b:情境因素对主观规范与行为意图有显著的调节作用;

H4c:情境因素对感知行为控制与行为意图有显著的调节作用。

TPB、MGB 和 ABC 模式应用于乡村目的地旅游者亲环境行为意图见图 8.1 所示。

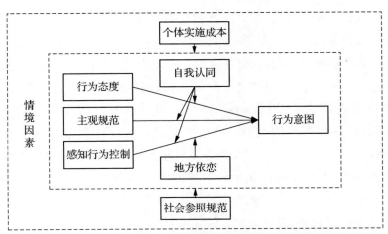

图 8.1 TPB、MGB 和 ABC 模型应用于乡村目的地旅游者亲环境行为意图

资料来源:根据相关文献整理所得

3 数据来源和研究方法

3.1 研究量表设计

对于乡村旅游目的地旅游者亲环境行为量表,根据已有将 TPB 应用于亲环境行为的研究,利用了 TPB 的结构(Graham-Rowe、Jessop 和 Sparks[52])。为了提高概念操作化的可信度与可靠性,各变量的测量均以已有文献中使用过的,尤其是与本研究情境相切合的量表为基础,研究组结合乡村目的地和乡村旅游者的实际情况,对部分词句调整后经过预调研和量表检验形成正式量表(表 8.1)。借鉴国内外相关文献(王建明[45]、Carfora、Caso 和 Sparks 等[33]),并根据乡村旅游背景进行了综合比较与反复修正,设计了亲环境行为量表,测量被调查者在多大程度上同意或不同意这些题项。问卷的第一部分是人口统计学特征的调查;第二部分要求参与者评价亲环境行为的影响因素及表现,个体主观得分代表了被调查者实际情况的程度。题项均采用李克特五分制量表,其中:5 非常同意,4 同意,3 一般,2 不同意,1 非常不同意。

关于 TPB 模型中的各变量借鉴了 Conner 等[53]的测量量表,其中,亲环境行为意图量表设计了 4 项题项(如,"在乡村旅游中,我会处理好乡村旅游时的垃圾"等);行为态度量表设计了 4 个题项(如,"我认为环保行为是一种好的行为");主观规范设计了 3 个题项(如,"我觉得在道德上有义务保护乡村的环境");感知行为控制(PBC)设计了 4 个题项(如,"只要我愿意,我就能进行环保行为")。对于自我认同的测量量表借鉴了 Whitmarsh 和 O'Neill[54]的研究,设计了 3 个题项(如,"我是一位喜爱保护环境的人")。地方依恋量表的设计参考 Cheng 等[55]研究,地方依恋设计了 4 个题项(如,"我喜爱乡村旅游地")。对于情境因素题项,具有一定的中国特色,参考了价值观念和生活方式(VALS 和 VALS2)量表的相关题项(Richins 和 Dawson[56]),借鉴了王建明[45]的资源节约行为情境因素量表,并结合旅游情境进行了调整,其中,个体实施成本设计了 5 个题项(如,"我外出旅游就是为了摆脱日常生活的一切束缚"),社会参照规范设计了 5 个题项(如,"旅游过程中实施环保行为会被周围人笑话")。

表 8.1　旅游者亲环境行为意图驱动因素测量量表

影响因素	测量题项	变量来源
行为意图 （4 项）	在乡村旅游中，我会处理好乡村旅游时的垃圾	Conner 等[53]
	在乡村旅游中，我会做到节约资源和能源	
	在乡村旅游中，我会遵守当地乡村的环境准则	
	在乡村旅游中，我会主动劝说他人破坏环境的行为	
行为态度 （4 项）	我认为环保行为是一种好的行为	Conner 等[53]
	我认为环保行为是一种有必要的行为	
	我认为环保行为是一种有愉悦的行为	
	我认为环保行为是一种有价值的行为	
主观规范 （3 项）	我觉得在道德上有义务保护乡村的环境	Conner 等[53]
	如果没有履行环保行为，我会感到内疚	
	履行环保行为时，我会感到骄傲	
感知行为控制 （4 项）	只要我愿意，我就能进行环保行为	Conner 等[53]
	我有能力进行环保行为	
	我认为是否进行环保行为，完全取决于自己	
	我认为采取环保行为并不困难	
自我认同 （3 项）	我是一位喜爱保护环境的人	Whitmarsh 和 O'Neill[54]
	我是一位有经验的环保倡导者	
	我有经验可以影响他人的环保观念和行为	
地方依恋 （4 项）	我喜爱乡村旅游地	Cheng 等[55]
	在乡村旅游中形成的体验对我很重要	
	到乡村旅游相比于其他目的地，我获得更大满足感	
	我感觉乡村就是自我的一部分	
个体实施成本 （5 项）	我外出旅游就是为了摆脱日常生活的一切束缚	Richins 和 Dawson[56]
	费心留意环境问题会减弱旅游带给我的核心功效	
	我不愿因考虑环境问题而给旅游过程带来额外负担	
	我有权力自由消费目的地资源，因为我已经为此付费	
	旅游时我的心态就是要自由享受和娱乐	

续表

影响因素	测量题项	变量来源
社会参照规范 （5项）	旅游过程中实施环保行为会被周围人笑话	王建明[45]
	旅游过程中缺乏实施环保行为的相应条件	
	我周围的人都不太关心旅游地的环境	
	公众人物在日常生活中一般未做到资源节约和回收	
	旅游过程中实施环保行为很麻烦或不方便	

资料来源：根据相关数据分析整理所得

3.2 问卷参与者

通过在不同社交网络上发布的在线问卷，基于网络的调查招募参与者。调查于2020年7月至10月进行，被调查对象通过题项"是否有过乡村旅游经历"来删选，共收集到296份问卷，其中有效样本275份。从学历看，初中及以下占7.5%，高中或中专占10.7%，大专占35.3%，本科占32.5%，研究生及以上占14.0%。从年龄看，15～24周岁占18.4%，25～34周岁占32.6%，35～44周岁占22.8%，45～54周岁占15.7%，55周岁及以上占10.6%。从职业分布看，其中，23%为学生，58%为单位员工，14%为自由职业，和5%为其他。从性别分布看，女性占55%，男性占45%。

3.3 样本信度效度检验

本量表正式形成以前，调研组与相关领域专家进行了咨询和讨论，各变量的度量非常重要，归纳出原始量表。此后，调研组再对公众进行了预调查，分析调研结果，对量表进行了进一步修正和完善。因此，本量表具有良好的内容效度，切合本次调研目标——乡村旅游。采用因子分析的主成分提取EFA方法检验量表的建构效度。KMO值均在0.7以上，Bartlett's球形检验的显著性水平均为0.000，删除交叉载荷大于0.45的3个题目（地方依恋、个体实施成本和社会参照规范各1个）后，识别出8个因子。因此，本量表具有良好的建构效度。采用内在信度指标对量表信度进行检验，Cronbach's α系数位于0.615～0.836之间，代表量表具有充分的信度。旅游导向的个人实施成本和社会参照规范这两个变量的Cronbach's α值较低，可能有以下原因：一是，他、它们反映了个体行为的具体情境，不同地区所处的客观环境差异较大；二是，情境因素是调研组首次设计到乡村旅游目的地旅游者亲环境行为量表中，属于探索性量表。对于探索性量表来说，信度指标低于 0.7 也是可以接受的(Nunnally[57]；王建明[45])。因此,本量表的内部一致性和可靠性比较理想,所有指标值如表 8.2 所示。

表 8.2　量表的信度和效度检验

变量代码	Z	X_1	X_2	X_3	Y_1	Y_2	Y_3	Y_4
变量题项数	4	4	3	4	3	3	4	4
Cronbach's α 系数	0.817	0.836	0.837	0.845	0.793	0.856	0.615	0.684
KMO 值	0.851	0.718	0.716	0.724	0.764	0.851	0.587	0.639

资料来源:根据相关数据分析整理所得。

4　乡村旅游者亲环境行为意图的实证检验和研究分析

4.1　TPB 模型的直接效应

首先,描述了行为意图等各变量均值及其相互依存关系,均值以及相互间的皮尔森相关系数矩阵如表 8.3 所示。行为态度得分最高(M_C=4.53),感知行为控制(M_C=4.41)、个体实施成本(M_C=4.28)、主观规范(M_C=4.17)和行为意图(M_C=4.06)四个变量得分相对较高,地方依恋(M_C=3.42)和社会参照规范(M_C=3.39)两个变量得分相对较低,自我认同最低(M_C=2.85),表明乡村目的地旅游者对亲环境行为具有较强的意图,感知、态度和主观规范也较强,但归属情境变量的个体实施成本较强,它是一个反向变量,这说明旅游者对于亲环境行为在心理上存在矛盾。地方依恋的均值处于"一般"水平,表明存在相当数量的旅游者对乡村没有正向情感或归属感。社会参照规范的均值同样处于"一般"水平,表明社会压力对旅游者没有产生较强的影响,很可能是因为乡村旅游离开了惯常的环境,并不受正常社会规范的约束。自我认同的均值最低,表明大多数旅游者认为自我还没有足够的能力去保护环境或是认为自己为环境做出的努力还不足以影响其他人。行为态度、主观规范、感知行为控制、自我认同、地方依恋、个体实施成本和社会参照规范 6 个变量与行为意图相关,显著性水平为 0.001。从各变量与意图间的皮尔森相关系数看,主观规范最大,其次为行为态度、个体实施成本和感知行为控制,地方依恋、社会参照规范和自我认同三个变量最小。

采用多元回归方程建立了如下回归模型,探索 TPB 各变量对行为意图的影响效应:

$$Z = \alpha + \alpha_1 X_1 + \alpha_2 X_2 + \alpha_3 X_3 + \mu_m$$

其中，α_i 为回归系数；α 为常数项；μ_m 为误差项。

分析前，对所有变量进行了中心化处理，检验结果如表 8.3 所示。感知行为控制和主观规范对行为意图有显著的正向作用（$P<0.01$）（H1b、H1c），行为态度在统计上不显著（H1a）。造成这一现象的原因在于：旅游者知道应该进行环境保护且认为环保行为是应该被提倡的行为，但却不一定想去实施环保行为，也不一定能做到环保环境，这导致感知行为控制对行为意图没有显著影响。

表 8.3 各变量对行为意图的效应检验结果

	标准化回归系数	t 值	显著性水平
（常数项）	0.007	1.028	0.315
行为态度	0.064	1.732	0.069
主观规范	0.359	10.206	0.000
感知行为控制	0.147	5.637	0.000

资料来源：根据相关数据分析整理所得

4.2 自我认同、地方依恋对 TPB 模型的调节效应检验

本研究使用层次回归同时检验自我认同和地方依恋两个变量的调节效应（表 8.4），其理论模型如下：

$$Z = \alpha + \alpha_1 X_1 + \alpha_2 X_2 + \alpha_3 X_3 + \alpha_i Y_i + \alpha_{1i} X_1 Y_i + \alpha_{2i} X_2 Y_i + \alpha_{3i} X_3 Y_i + \mu_m$$

其中，Y_i 为自我认同和地方依恋两个变量；交互项 $X_m Y_i$ 为变量 Y_i 对 $X_m - Z$ 之间关系的调节效应。如，$X_1 Y_1$ 代表自我认同的调节效应。

对变量进行中心化处理后，分析调节效应前。第一步，先不纳入自我认同和地方依恋，只将 TPB 模型中的各变量纳入模型（模型一），分析其主效应；第二步，将分别将自我认同和地方依恋纳入回归模型，分析其主效应（模型二）；第三步，分别考虑不同变量的调节效应（模型三）。

表 8.4 中第一列显示了自我认同因素的调节效应检验结果。模型一与表 8.3 的结果基本一致。从模型二中可以看出，自我认同对资源节约行为存在正向作用（在 0.05 的显著性水平下），可见高自我认同会提高行为意图。另外，自我认同对 TPB 模型有显著的调节作用（H2）。对于具备高自我认同的旅游者来说，行为态度、感知行为控制与行为意图之间的正向作用较强；而对于低自我认同的旅游者来说，行为态度、感知行为控制与行为意图之间的正向作用较弱。而且自我认同

可以缓解 PBC 对意图的影响以及过去行为对意图的影响和未来的行为。因此,促进环境自我认同有助于促进亲环境行为。第二列显示了地方依恋的调节效应检验结果。可以看出,地方依恋的主效应不显著,意味着地方依恋对亲环境行为意图没有正向作用,并且地方依恋对行为态度、主观规范和感知行为控制均没有显著的调节作用(H3),见模型三。造成这种现象的原因很可能是:本文的调查对象是有过乡村旅游经历的游客,游客无法联系到具体的旅游目的地来帮助其产生地方认同或地方情感。

表8.4 自我认同、地方依恋的调节效应检验结果

	自我认同 Y_1			地方依恋 Y_2		
	模型一	模型二	模型三	模型一	模型二	模型三
α	0.008	0.007	0.007	0.006	0.006	0.007
X_1	0.064	0.058	0.059	0.065	0.058	0.062
X_2	0.359**	0.367**	0.361**	0.360**	0.361**	0.364**
X_3	0.147**	0.138**	0.133**	0.149**	0.141**	0.135**
Y_i		0.062*	0.056		0.058	0.061
X_1Y_i			0.070*			0.015
X_2Y_i			0.057			−0.034
X_3Y_i			0.075**			0.042
R	0.417	0.422	0.438	0.417	0.423	0.425
R_2	0.173	0.178	0.191	0.174	0.180	0.180
F	66.478	55.247	32.475	66.259	54.876	30.974
Sig.	0.000**	0.000**	0.000**	0.000**	0.000**	0.000**

注:**代表相关系数在0.01的显著性水平下显著,*代表相关系数在0.05的显著性水平下显著,下同。

资料来源:根据相关数据分析整理所得

4.3 情境变量对 TPB 模型的调节效应检验

进一步使用层次回归检验情境变量(个体实施成本和社会参照规范)的调节效应,其理论模型如下:

$$Z = \alpha + \alpha_1 X_1 + \alpha_2 X_2 + \alpha_3 X_3 + \alpha_i Y_i + \alpha_{1i} X_1 Y_i + \alpha_{2i} X_2 Y_i + \alpha_{3i} X_3 Y_i + \mu_m$$

其中,Y_i 为个体实施成本和社会参照规范两个情境变量;交互项 $X_m Y_i$ 为变量

Y_i对X_m—Z之间关系的调节效应。如,X_1Y_3代表个体实施成本的调节效应。

分析调节效应前也对所有变量进行了中心化处理。第一步,先不纳入情境变量,只将 TPB 模型中的各变量纳入模型(模型一),分析其主效应;第二步,将分别将个体实施成本和社会参照规范纳入回归模型,分析其主效应(模型二);第三步,分别考虑不同情境变量的调节效应(模型三)。

表 8.5 中第一列显示了个体实施成本调节效应检验结果。同样,模型一与表 8.3 的结果基本一致。在模型二中,个体实施成本的主效应显著且为负,这意味着个体实施成本对行为意图存在显著的反向作用。在模型三中,个体实施成本对 TPB 模型存在显著的调节作用($P<0.01$)。个体实施成本与感知行为控制间的交互作用具体如下:对于具有高个体实施成本的旅游者,感知行为控制与行为意图间的正向作用较强,提高感知行为控制可以有效促进其亲环境行为意图;而对于具有低个体实施成本的旅游者,感知行为控制与行为意图间的正向作用较弱。说明个体实施成本对感知行为控制—行为意图间的正向影响存在促进的调节作用(H4)。这一结果与王建明[45]中的部分结论一致。个体实施成本与行为意图表现为反向作用,因此,转变高个体实施成本可以减少实施亲环境行为意图的障碍。个体实施成本对感知行为控制—行为意图间关系的调节作用暗示提高旅游者的感知行为控制程度可以缓解个体实施成本的方向作用。第二列显示了社会参照规范的调节效应检验结果。社会参照规范对行为意图的反向作用不显著,且社会参照规范对各影响因素的调节作用均不显著(H5)。这与社会比较理论不同,根据向上社会比较理论,人们通常和相同阶层或更高阶层相比较(迈尔斯[58])。

个体实施成本偏向于主观情境因素,社会参照规范则偏向客观情境因素,由此可见,情境变量的主要调节因素是主观因素。造成这一现象的原因很可能在于:目的地实际上为旅游者提供了一个特定的社会环境。这是一种与游客所熟悉的日常生活和工作环境有着较大差异的陌生环境。旅游者在目的地环境中,其行为受常规社交网络的约束较少,从而导致其行为不同于日常习惯(Qiu 等[59])。人们的日常自我表现是在其生活环境的社交互动的框架内进行的。前往休闲目的地通常涉及逃逸到一个非常规世界或一个边缘区域,在那里社会规范的力量可以被暂时中止。

表 8.5 情境变量的调节效应检验结果

	个体实施成本 Y_3			社会参照规范 Y_2		
	模型一	模型二	模型三	模型一	模型二	模型三
α	−0.007	−0.008	−0.021	−0.006	−0.007	−0.007
X_1	0.060	0.059	0.057	0.061	0.059	0.062
X_2	0.357**	0.367**	0.361**	0.358**	0.360**	0.362**
X_3	0.148**	0.156**	0.158**	0.147**	0.149**	0.149**
Y_i		−0.138**	−0.145**		−0.107**	−0.113**
$X_1 Y_i$			−0.065			0.035
$X_2 Y_i$			0.073			−0.027
$X_3 Y_i$			0.068**			0.020
R	0.418	0.435	0.448	0.417	0.423	0.425
R_2	0.174	0.186	0.197	0.175	0.182	0.185
F	67.458	60.237	35.486	65.284	56.976	31.574
Sig.	0.000**	0.000**	0.000**	0.000**	0.000**	0.000**

资料来源：根据相关数据分析整理所得

5 研究结论和未来研究方向

5.1 主要研究结论

本研究将 TPB、MGB 和 ABC 三个模型综合起来，首次对旅游情境下的乡村目的地旅游者亲环境行为进行了实证检验，证实了这一综合模型的成立，结果如表 8.6 所示。在 Ajzen[12]的计划行为模型中，个人态度、主观规范和感知行为控制是三个平行变量，本模型引入自我认同和地方依恋两个前置变量，同时考虑了它们对 TPB 模型的正向调节作用，再引入情境变量（个体实施成本和社会参照规范），同样考虑情境变量对 TPB 模型的反向调节作用，这是本模型对计划行为模型的一个重要发展，也是将目标导向行为模型和态度—情境—行为模型应用到乡村旅游领域的探索性研究，发展了在情境因素下自我认同和地方依恋对亲环境意图的影响机制。人们出于不同的原因采取环保行为，只关注有意的环保行为可能会限制对环境有重大影响但不受环境关注行为的理解。如果目的是促进更多对环境有益的行为,则需要更广阔的视野。从亲环境行为的动机来说,既存在经济动机,也存在社会动机,还存在自我实现动机。自我认同和地方依恋反映了旅游者的自我实现动机,个体实施成本反映旅游者的经济动机,社会参照规范反映旅游者的社会动机。

第一,从 TPB 的内部结构看,主观规范和感知行为控制两个因子对行为意图存在显著的正向作用。但 TPB 变量不能解释大量的意图和行为差异,不同的研究已经证实,自我认同是 TPB 中预测意向和行为的重要附加因素(Paquin 和 Keating[60];Carfora、Caso 和 Sparks[33])。本研究同样证实了旅游者以与自我认同一致的方式行事,可以解释部分其他变异(Dean、Raats 和 Shepherd[61])。自我认同试图在态度和行为之间建立一致性(Christensen 等[62]),越强的认同越能引起与认同一致的行为(Laverie 和 Arnett[63])。旅游者与旅游场的互动模式形塑成旅游体验,它将引发旅游者内在心理的感受过程(武虹剑和龙江智[64])。在本研究中,地方依恋对亲环境意图无显著的调节作用,这与先前大多数同类研究不符,可能是因为差异化情境激活了不同自我概念所造成的(Sirgy 和 Su[65])。先前发现二者积极关系的研究主要开展于国家公园情境。在这种环境下,环保的主流社会规范会触发游客形成基于其自我概念中理想自我的地方依恋,自我提升和标榜的动机促使其在环境行为上规行矩步。然而,乡村旅游目的地则很有可能是基于游客现实自我认同在发挥作用。且本研究调查中并没有提及具体某一处乡村旅游地目的地,很可能无法带动游客产生地方依恋。

第二,心理变量是亲环境行为意图的内驱因子,情境变量通过影响它们间的关系强度或方向而起着调节作用。行为态度、主观规范和感知行为控制是亲环境行为意图产生的基础,它通过影响个体对亲环境的心理偏好从而促进行为发生。当个体缺乏积极的态度和感知时,必然不会自动地产生亲环境行为意图。但旅游者具备相应的心理因子,亲环境行为意图也不必然产生。换言之,心理因素是行为意图的必要而非充分条件。现有的多数文献往往忽视了情境因素的调节作用,本文的这一结论在一定程度上弥补了这一缺陷。个体实施成本是影响行为的内部情境因素,是亲环境行为意图的机会成本或条件。社会参照规范是影响行为的外部情境因素,本研究结论未能发现其对路径关系的显著作用。个体实施成本主要对应于理性经济人的特征,社会参照规范主要对应于社会人的人性特征。本研究结论暗示,在乡村旅游情境下,旅游者是否有亲环境行为意图不受社会参照规范的影响。

第三，大众旅游者有浓厚的度假心态，认为外出旅游就应专注于最大化享受和娱乐，将日常生活的一切束缚抛诸脑后（Mannell 和 Iso-Ahola[66]）。他们视目的地资源为已付费购买的商品，有权利自由消费（Miller 等[67]）。亲环境行为不可避免地要给旅游过程增加额外负担，自然被大众游客所排斥，以防削弱旅游在获取补偿性个人或人际回报上的功效（Chubchuwong、Beise-Zee 和 Speece[68]）。而且，缺乏环境责任感的大众游客觉得无义务为短暂停留的目的地环境状况负责，认为既不必承受目的地环境日益退化的恶果，也不会因额外的亲环境努力受益（Miller 等[67]）。他们本就微弱的环境意识往往在目睹其他游客都做出相同行为选择时瞬间消失，并以环境问题本不在自身能力控制范围内来自我宽慰（Kollmuss 和 Agyeman[69]）。当旅游者潜在的环保理念与反亲环境价值观（度假心态等）相矛盾时，很可能会放弃执行亲环境行为。公众赋予了自由享受度假（即度假中不因环境担忧而受到行为约束）极高的心理价值和期许，如一项基于英国民众的调查显示，获得完美度假体验（休闲、娱乐、放松）已成为人们积蓄或贷款的首要目标（Miller 等[67]）。环保理念战胜反亲环境价值观是一个艰难的心理调节过程。在传统的环境教育干预下，这一对抗过程的胜出者几乎永远是大众旅游价值导向。

第四，社会规范对一般亲环境行为具有显著影响，但对旅游者亲环境行为却不一定有显著影响。在日常生活中，群体的社会压力，亲朋好友等对环保态度及行为选择具有较高的规范作用。个体的日常自我表现是在其工作、家庭等环境的社交互动框架内进行的，而旅游者并不受这些社交规范的约束。为了解释旅游者在日常生活与旅游过程中的行为差异，社会学家认为旅游目的地是个体生活的一个特殊区域，个体可以暂时中止日常生活中受习惯和社会规范支配的价值观（Qiu 等[59]），如游客在旅游过程中往往表现得更愿意消费，更容易接受价格高的商品。Jafari[70]的综合社会文化游客模型已证明了这一现象，该模型解释说旅游是从普通世界到非普通世界旅行的过程。Goffman[71]将与旅游相关的环境标记为退格，人们可以在这里甚至被鼓励去体验日常生活中被拒绝的冒险。在游憩过程中，旅游者会倾向关注实施亲环境行为对自身利益的影响，如果人们的感知利益水平因为实施某一环保行为而降低（如经济支出增加、感到不便利、舒适度下降等），则会倾向于不实施该行为。

表 8.6 研究假设的检验结果

变量名称	效应类型	原假设	检验结果	具体结论
行为态度	主效应	H1a	拒绝	无显著影响
主观规范	主效应	H1b	接受	正向影响
感知行为控制	主效应	H1c	接受	正向影响
自我认同	调节效应	H2	接受	部分路径存在调节作用
地方依恋	调节效应	H3	拒绝	未发现调节作用
个体实施成本	调节效应	H4	接受	部分路径存在调节作用
社会参照规范	调节效应	H5	拒绝	未发现调节作用

资料来源：根据相关数据分析整理所得

5.2 研究限制和未来研究方向

一直以来，环境可持续旅游领域对乡村旅游者亲环境行为的深入研究极为贫乏。本文以此为切入点，探究亲环境行为意图产生过程中的心理因素与外加驱力（地方依恋、情境因素）的互动作用效果。亲环境旅游行为影响因素较为复杂，本文仍存在一些局限和不足，希望在未来的研究中得到解决和完善。第一，尽管通过文献分析与焦点小组讨论等科学方法挖掘亲环境行为的影响因素，但也可能不尽全面。如，过去的行为习惯是否与乡村旅游者的亲环境行为具有相关性，有待进一步研究；第二，由于一些限制条件，研究采用大众自行报告的方法调查亲环境行为变量。不可避免地存在故意隐瞒或夸大行为倾向的现象，从而对研究结果产生影响，因此，未来可开展定性研究（访谈＋扎根理论）。定量研究可以使用实验法或现场观察法测量游客实际的亲环境行为，而不是使用问卷进行自评，探索并厘清亲环境驱力落败于大众旅游导向的物质主义价值观的具体原因，以及社会参照规范对旅游者亲环境行为意图失效的原因。第三，通过社交网络收集的样本，数量有限且有一定的自选性，研究结果的普遍性仍有待继续验证。因此，建议可以选取一些不同类型的乡村旅游地进行现场调研和对比研究。

5.3 公共政策启示

通过合理的政策措施对关键影响因素加以干预和引导，强化正向因素的作用，弱化甚至规避负向因素的影响，使公众更有效地实施亲环境旅游行为，从而推动乡村旅游目的地的生态环境发展。当前，乡村旅游目的地依靠道德和法律来解决环境问题,如通过解说系统引导游客的环保行为,或采取惩戒性手段规制游客的不友好行为,显然较为基础和低级,取得的效果很不理想。相比目的地采取的手段,作为旅游主体的游客主动实施的亲环境行为才是解决生态困境和促进可持续发展的有效手段。处于生态困境的乡村旅游目的地在培育亲旅游者行为的过程中,除了关注游客的环保态度等传统心理因素,应加强对游客情感体验的关注,提高游客的环境自我认同,增强游客的地方依恋,这是游客与目的地的情感纽带,有助于旅游者重新审视自身的环境行为,从而做出有利于目的地的亲环境行为。

乡村的社会物理环境截然不同(Dong、Wang 和 Morais 等[72]),乡村旅游的动机通常与逃避城市压力和追求与城市惯例相反的经历有关(Rid、Ezeuduji 和 Pröbstl-Haider[73])。若乡村旅游目的地希望游客实施亲环境行为,就要在游憩过程中,满足游客的出游动机,引导游客获得满意的旅游体验。在此前提下,环保提示才会取得良好的成效。另外,乡村目的地推出的环保措施要考虑到游客的自身利益。在亲环境管理培育中,缺乏责任感的大众游客具有可塑性。本研究为乡村旅游目的地提供了激发游客亲环境行为意图的途径,提出大众乡村旅游者参与亲环境行为的一个管理框架,主要包括以下三个方面:第一,普及环保理念。综合运用多种渠道方式对生态旅游理念、参与途径以及环境知识等进行宣传教育,营造良好的社会氛围,提升游客的环保意识、认知态度、环境责任和价值观。第二,亲环境情境吸引。作为乡村生态旅游发展的推动者和协调者,目的地需要在营销沟通中唤醒和强化该人群的地方亲和性情感(Kals、Schumacher 和 Montada[74]),可将倡导自由、安全与自然和谐统一的自然情感亲和力理念,作为营销的重要切入点。第三,管理系统支持。通过加强乡村旅游目的地环保情境建设,降低游客参与亲环境行为的经济与时间成本,保持旅游安逸舒适诉求,提升体验价值,从而吸引游客主动参与亲环境行为。

参考文献

[1] 邱美云. 乡村生态旅游刍议[J]. 安徽农业科学,2007,35(7):2067-2068.

[2] 李志飞,李天骄. 旅游者环境责任行为研究:基于国内外文献的比较分析[J]. 旅游研究,2018,10(5):41-54.

[3] 范钧,邱宏亮,吴雪飞. 旅游地意象、地方依恋与旅游者环境责任行为:以浙江省旅游度假区为例[J]. 旅游学刊,2014,29(1):55-66.

[4] 贾衍菊,林德荣. 旅游者环境责任行为:驱动因素与影响机理:基于地方理论

的视角[J]. 中国人口·资源与环境,2015,25(7):161-169.

[5] 马骏. 基于生态环境阈限与旅游承载力背景下生物多样性保护策略研究:以世界自然遗产武陵源核心景区为例[J]. 经济地理,2016,36(4):195-202.

[6] 杨学儒,李浩铭. 乡村旅游企业社区参与和环境行为:粤皖两省家庭农家乐创业者的实证研究[J]. 南开管理评论,2019,22(1):76-86.

[7] 朱晓翔,乔家君. 乡村旅游社区可持续发展研究:基于空间生产理论三元辩证法视角的分析[J]. 经济地理,2020,40(8):153-164.

[8] 张大钊,马秋芳,赵振斌. 乡村旅游地居民相对剥夺感的前因和后果研究:基于个体心理学视角[J]. 人文地理,2020,35(4):32-39.

[9] 范香花,黄静波,程励,等. 生态旅游者旅游涉入对环境友好行为的影响机制[J]. 经济地理,2019,39(1):225-232.

[10] JUVAN E,DOLNICAR S. Measuring environmentally sustainable tourist-behaviour[J]. Annals of Tourism Research,2016(59):30-44.

[11] RUEPERT A,KEIZER K,STEG L,et al. Environmental considerations in the organizational context:A pathway to pro-environmental behaviour at work[J]. Energy Research and Social Science,2016(17):59-70.

[12] AJZEN I. The theory of planned behavior[J]. Organizational Behavior and Human Decision Processes,1991,50(2):179-211.

[13] KIATKAWSIN K,HAN H. Young travelers' intention to behave pro-environmentally:Merging the value-belief-norm theory and the expectancy theory[J]. Tourism Management,2017(59):76-88.

[14] STERN P C,DIETZ T,ABEL T,et al. A value-belief-norm theory of support for social movements:The case of environmentalism[J]. Human Ecology Review,1999,6(2):81-97.

[15] BAMBERG S,MÖSER G. Twenty years after Hines,Hungerford,and Tomera:A new meta-analysis of psycho-social determinants of pro-environmental behaviour[J]. Journal of Environmental Psychology,2007,27(1):14-25.

[16] STAMOU A G,PARASKEVOPOULOS S. Images of nature by tourism and environmentalist discourses invisitors books:A critical discourse analysis of ecotourism[J]. Discourse & Society,2004,15(1):105-129.

[17] GUAGNANO G A,STERN P C,DIETZ T. Influences on attitude-behavior

relationships[J]. Environment and Behavior,1995,27(5):699-718.

[18] PERUGINI M,BAGOZZI R P. The role of desires and anticipated emotions in goal-directedbehaviours:Broadening and deepening the theory of planned behaviour[J]. British Journal of Social Psychology,2001,40(1):79-98.

[19] SCANNELL L,GIFFORD R. Defining place attachment:A tripartite organizing framework [J]. Journal of Environmental Psychology,2010,30(1):1-10.

[20] CHEN N C,DWYER L,FIRTH T. Conceptualization and measurement of dimensionality of place attachment[J]. Tourism Analysis,2014,19(3):323-338.

[21] HAN H,YOON H J. Hotel customers' environmentally responsible behavioral intention:Impact of key constructs on decision in green consumerism[J]. International Journal of Hospitality Management,2015,45:22-33.

[22] HAN H. Travelers' pro-environmental behavior in a green lodging context:Converging value-belief-norm theory and the theory of planned behavior[J]. Tourism Management,2015(47):164-177.

[23] HAN H,JAE M,HWANG J. Cruisetravelers'environmentally responsible decision-making:An integrative framework of goal-directed behavior and norm activation process[J]. International Journal of Hospitality Management,2016,53:94-105.

[24] 祁秋寅,张捷,杨旸,等.自然遗产地游客环境态度与环境行为倾向研究:以九寨沟为例[J].旅游学刊,2009,24(11):41-46.

[25] 余晓婷,吴小根,张玉玲,等.游客环境责任行为驱动因素研究:以台湾为例[J].旅游学刊,2015,30(7):49-59.

[26] HARLAND P,STAATS H,WILKE H A M. Situational and personality factors as direct or personal norm mediated predictors of pro-environmental behavior:Questions derived from norm-activation theory[J]. Basic and Applied Social Psychology,2007,29(4):323-334.

[27] WEI C F,CHIANG C T,KOU T C,et al. Toward sustainable livelihoods:Investigating the drivers of purchase behavior for green products[J]. Business Strategy and the Environment,2017,26(5):626-639.

[28] HAN H,HSU L T,SHEU C. Application of the theory of planned behavior

to green hotel choice:Testing the effect of environmental friendly activities[J]. Tourism Management,2010,31(3):325-334.

[29] 邱宏亮.基于TPB拓展模型的出境游客文明旅游行为意向影响机制研究[J]. 旅游学刊,2017,32(6):75-85.

[30] 陈才,卢昌崇.认同:旅游体验研究的新视角[J].旅游学刊,2011,26(3):37-42.

[31] TERRY D J,HOGG M A,White K M. The theory of planned behaviour:Self-identity,social identity and group norms[J]. British Journal of Social Psychology,1999,38(3):225-244.

[32] CHENG P Y,CHU M C. Behavioral factors affecting students' intentions to enroll in business ethics. Courses:A comparison of the theory of planned behavior and social cognitive theory using self-identity as a moderator[J]. Journal of Business Ethics,2014,124(1):35-46.

[33] CARFORA V,CASO D, SPARKS P,et al. Moderating effects of pro-environmental self-identity on pro-environmental intentions and behaviour:A multi-behaviour study[J]. Journal of Environmental Psychology,2017(53):92-99.

[34] WILLIAMS D R,ROGGENBUCK J W. Measuring place attachment:Some preliminary results[M]//Abstracts:1989 Leisure Research Symposium. Arlington:National Recreation and Park Association,1989.

[35] LARSEN S C. Place identity in a resource-dependent area of northern British Columbia[J]. Annals of the Association of American Geographers,2004,94(4):944-960.

[36] HALPENNY E A. Pro-environmental behaviours and park visitors:The effect of place attachment[J]. Journal of Environmental Psychology,2010,30(4):409-421.

[37] 周玲强,李秋成,朱琳.行为效能、人地情感与旅游者环境负责行为意愿:一个基于计划行为理论的改进模型[J].浙江大学学报(人文社会科学版),2014,44(2):88-98.

[38] 祁潇潇,赵亮,胡迎春.敬畏情绪对旅游者实施环境责任行为的影响:以地方依恋为中介[J].旅游学刊,2018,33(11):110-121.

[39] 曲颖,吕兴洋,沈雪瑞.大众旅游价值导向调节下地方依恋维度的亲环境驱动效应[J].旅游学刊,2020,35(3):86-96.

[40] 潘莉,张梦,张毓峰.地方依恋元素和强度分析:基于青年游客的质性研究[J].旅游科学,2014,28(2):23-34.

[41] PRAYAG G,RYAN C. Antecedents of tourists' loyalty to Mauritius[J]. Journal of Travel Research,2012,51(3):342-356.

[42] 唐文跃.旅游开发背景下古村落居民地方依恋对其迁居意愿的影响:以婺源古村落为例[J].经济管理,2014,36(5):124-132.

[43] 戚海峰,于辉,向伟林,等.绿色消费情境下消费者为什么会言行不一?[J].心理科学进展,2019,27(7):1307-1319.

[44] 王建明,王俊豪.公众低碳消费模式的影响因素模型与政府管制政策:基于扎根理论的一个探索性研究[J].管理世界,2011(4):58-68.

[45] 王建明.资源节约意识对资源节约行为的影响:中国文化背景下一个交互效应和调节效应模型[J].管理世界,2013(8):77-90.

[46] THØGERSEN J,ÖLANDER F. Human values and the emergence of a sustainable consumption pattern:A panel study[J]. Journal of Economic Psychology,2002,23(5):605-630.

[47] HIRSH J B,DOLDERMAN D. Personality Predictors of Consumerism and Environmentalism:A Preliminary Study[J]. Personality and Individual Differences,2007,43(6):1583-1593.

[48] STAATS H,HARLAND P,WILKE H A M. Effecting durable change[J]. Environment and Behavior,2004,36(3):341-367.

[49] ABRAHAMSE W,STEG L,VLEK C,et al. A Review of intervention studies aimed at household energy conservation[J]. Journal of Environmental Psychology,2005,25(3):273-291.

[50] 王建明.公众低碳消费行为影响机制和干预路径整合模型[M].北京:中国社会科学出版社,2012.

[51] 邱宏亮,范钧,赵磊.旅游者环境责任行为研究述评与展望[J].旅游学刊,2018,33(11):122-138.

[52] GRAHAM-ROWE E,JESSOP D C,SPARKS P. Predicting household food waste reduction using an extended theory of planned behaviour[J]. Resources,Conservation and Recycling,2015(101):194-202.

[53] CONNER M,ABRAHAM C,PRESTWICHA,et al. Impact of goal priority

and goal conflict on the intention-health behavior relationship: Tests on physical activity and other health behaviors[J]. Health Psychology,2016,35(9),1017-1026.

[54] WHITMARSH L,O'NEILL S. Green identity, green living? The role of pro-environmental self-identity in determining consistency across diverse proenvironmental behaviours[J]. Journal of Environmental Psychology,2010,30(3),305-314.

[55] CHENG T M C,WU H C,HUANG L M. The influence of place attachment on the relationship between destination attractiveness and environmentally responsible behavior for island tourism in Penghu,Taiwan[J]. Journal of Sustainable Tourism,2013,21(8):1166-1187.

[56] RICHINS M L,DAWSON S. A consumer values orientation for materialism and its measurement: Scale development and validation[J]. Journal of Consumer Research,1992,19(3):303-316.

[57] Nunnally J C. Psychometric Theory[M]. New York:Mcgraw-Hill College,1978.

[58] 戴维·迈尔斯. 社会心理学[M]. 侯玉波,乐国安,张智勇,等译. 北京:人民邮电出版社,2006.

[59] QIU S Z,CAI L P,LEHTO X,et al. Reliving self-presentational concerns in rural tourism[J]. Annals of Tourism Research,2019,74(1):56-67.

[60] PAQUIN R S,KEATING D M. Fitting identity in the reasoned action framework: A meta-analysis and model comparison[J]. The Journal of Social Psychology,2017,157(1):47-63.

[61] DEAN M,RAATS M M,SHEPHERD R. The role of self-identity, past behavior, and their interaction in predicting intention to purchase fresh and processed organic Food 1[J]. Journal of Applied Social Psychology,2012,42(3):669-688.

[62] CHRISTENSEN P N,ROTHGERBER H,WOOD W,et al. Socialnorms and identity relevance: A motivational approach to normative behavior[J]. Personality and Social Psychology Bulletin,2004,30(10):1295-1309.

[63] LAVERIE D A,ARNETT D B. Factors affecting fan attendance: The influ-

ence of identity salience and satisfaction[J]. Journal of Leisure Research, 2000,32(2): 225-246.

[64] 武虹剑,龙江智. 旅游体验生成途径的理论模型[J]. 社会科学辑刊,2009(3):46-49.

[65] SIRGY M J,SU C T. Destination image,self-congruity,and travel behavior: Toward an integrative model [J]. Journal of Travel Research,2000,38(4): 340-352.

[66] MANNELL R C,ISO-AHOLA S E. Psychological nature of leisure and tourism experience[J]. Annals of Tourism Research,1987,14(3): 314-331.

[67] MILLER G,RATHOUSE K,SCARLES C,et al. Public understanding of sustainable tourism [J]. Annals of Tourism Research,2010,37(3): 627-645.

[68] CHUBCHUWONG M,BEISE-ZEE R,SPEECE M W. The effect of nature-based tourism, destination attachment and property ownership on environmental-friendliness of visitors: A study in Thailand [J]. Asia Pacific Journal of Tourism Research,2015,20(6): 656-679.

[69] KOLLMUSS A,AGYEMAN J. Mind the Gap: Why do people act environmentally and what are the barriers to pro-environmental behavior? [J]. Environmental Education Research,2002,8(3): 239-260.

[70] JAFARI J. Tourism models: The sociocultural aspects[J]. Tourism Management,1987,8(2): 151-159.

[71] MOLET L, GOFFMAN E. Interaction ritual: Essay on face-to-face behavior[J]. Anthropoligica, 1972, 14(1): 91.

[72] DONG E W,WANG Y W,MORAIS D,et al. Segmenting the rural tourism market. The case of Potter County,Pennsylvania,USA [J]. Journal of Vacation Marketing,2013,19(2):181-193.

[73] RID W,EZEUDUJI I O,PRÖBSTL-HAIDER U. Segmentation by motivation for rural tourism activities in the Gambia[J]. Tourism Management, 2014(40):102-116.

[74] KALS E,SCHUMACHER D,MONTADA L. Emotional affinity toward nature as a motivational basis to protect nature [J]. Environment and Behavior,1999,31(2): 178-202.